J'AI SURVÉCU À L'HOLOCAUSTE

LE RÉCIT ÉMOUVANT D'UNE SURVIVANTE DE BERGEN-BELSEN ET CAMARADE D'ANNE FRANK

NANETTE BLITZ KONIG

ISBN 9789493231597 (ebook)

ISBN 9789493231580 (livre de poche)

Édition : Amsterdam Publishers

Copyright © 2021 Nanette Blitz Konig. Tous droits réservés. Aucune partie de cet ouvrage ne peut être reproduite ou transmise sous quelques formes que ce soit, par voie graphique, électronique ou mécanique, incluant les photocopies, les enregistrements ou toutes autres formes de transmission de données, sans la permission écrite de l'éditeur, sauf en cas de citation brève faisant partie d'articles ou de revues critiques.

Photographie de couverture : les droits d'auteurs de la photographie d'Anne Frank n'ont jamais été identifiés.

Photographie de Bergen-Belsen : La libération du camp de concentration de Bergen-Belsen, avril 1945. Aperçu du camp No 1, prise depuis une tour de guet par les gardes allemands. Image : Wikimedia.

Original titre portugais : Eu Sobrevivi Ao Holocausto, Universo dos Livros, 2015 (ISBN : 9788579308765)

Traduit depuis l'anglais : Holocaust Memoirs of a Bergen-Belsen Survivor and Classmate of Anne Frank.

Traductrice : Chjara-Stella Poggionovo

Je dédie ce livre à mes chers parents, Martijn Willem et Hélène : je vous dois ma vie, ainsi que tout l'amour que j'ai reçu et que je ressens encore à ce jour.

INTRODUCTION

Malheureusement, il n'existe pas de bouton "effacer" pour la mémoire. J'aimerais pouvoir effacer tout ce que j'ai vécu et vu, et notamment, toute la souffrance. Mais cette souffrance n'était pas seulement en moi - elle était dehors également. Je respirais dans cette souffrance ; elle faisait partie de mon monde. Pourtant, il arrive parfois que je me demande : "À quoi bon tout oublier ? Qu'aurais-je à y gagner ? De la tranquillité d'esprit ?". Peut-être bien, mais ç'aurait été une paix illusoire, une paix aveugle, parce que je sais qu'oublier, c'est laisser les autres vivre vos pires cauchemars. Je me souviens, donc je peux vivre, car oublier signifie mourir et perdre à jamais ma famille.

Lorsque l'on se souvient de l'Holocauste, tout le monde s'interroge : "Comment a-t-on pu laisser cela advenir ? Comment des êtres humains ont-ils pu perpétrer une telle violence, un tel désamour ?". Je m'interroge encore, et je crois que ma famille - celle que j'ai créée après m'être reconstruite une fois la guerre terminée - se demande exactement la même chose. Les histoires des camps de concentration font faire des cauchemars aux adultes, comme s'ils étaient des enfants sans défense.

Les histoires des camps de concentration font faire des cauchemars aux adultes, comme s'ils étaient des enfants sans défense.

Et si les adultes éprouvent des difficultés à digérer tout cela, imaginez ce qu'il en est pour des enfants. Un de mes petits-enfants s'est approché de moi un jour et m'a demandé, de but en blanc : "Grand-mère, est-ce que c'est vrai que les Allemands donnaient du savon aux juifs, en leur disant qu'ils allaient prendre une douche, mais qu'en réalité ils tuaient tout le monde ?". L'Histoire ne me laissera jamais de répit, je suis l'Histoire elle-même. J'ai pris le temps d'assimiler la question de mon petit-fils. J'étais pétrifiée par la peur que cela lui fasse perdre son innocence, mais que pouvais-je bien lui dire ? Mon petit-fils devait savoir l'horreur que cela avait été et qu'il s'agit, malheureusement, de quelque chose qui peut exister. "Oui, c'est vrai", lui ai-je répondu. "C'est pour cela que nous devons nous battre jusqu'au bout, pour que cela ne se reproduise plus jamais". C'est à ce moment-là que j'ai dû ravaler ma fierté, ainsi que le souvenir amer d'un temps où vivre dans la souffrance était la seule manière d'être en vie.

"Pour que cela ne se reproduise plus jamais...". Le temps glisse entre nos doigts. Avec le temps, le souvenir de l'Holocauste s'éloigne, mais nous devons continuer de le ramener dans le présent. Cela est triste, mais le monde souffre encore de tant de guerres. Je mourrai en me battant pour qu'aucun être humain ne souffre ni ne perde sa dignité comme ce fut le cas pour les juifs par le passé, comme ce fut le cas pour moi. Le besoin de raconter des histoires vient d'un besoin de faire prendre conscience au monde de ce qu'il s'est passé.

J'avais besoin de surmonter ma douleur et d'avancer. Je devais garder la tête haute et parler de ces jours où je ne pouvais même pas regarder dans les yeux les membres de la soi-disant "race supérieure". J'ai longuement réfléchi à l'importance que revêt le partage de mon histoire, malgré la douleur que cela me procure, mais pour ce faire, j'avais besoin d'attendre le bon moment et la bonne personne. Après quelques coups du sort et autres tentatives décevantes, j'ai accueilli Marcia Batista chez moi. Elle m'a encouragée à raconter ces histoires et s'est avérée la partenaire idéale pour ce projet car, comme moi, elle croit en l'importance que représentent ces récits sur l'Holocauste pour ceux qui ignorent ce pan de l'Histoire, ceux qui n'en savent pas assez, ceux qui ne l'acceptent pas, ou pire encore, ceux qui ne croient même pas que cela se soit produit. Nous avons estimé nécessaire d'éclairer cette sombre période de l'histoire du monde, peu importe le temps que cela prendrait, afin qu'aucune vie ne soit gâchée par l'ignorance ou l'intolérance. Ceci est notre combat, ceci est notre héritage.

Sur ces pages, vous allez prendre connaissance d'événements qui vivront dans ma mémoire pour l'éternité, comme un film joué en boucle - des événements qui continuent de hanter mes rêves aujourd'hui encore.

Mon intention dans ce livre n'est pas de vous inviter à lire une histoire au dénouement heureux. Je vous invite à faire l'expérience d'un futur qui, peut-être, vous apportera sérénité et harmonie. Sur ces pages, vous allez prendre connaissance d'événements qui vivront dans ma mémoire pour l'éternité, comme un film joué en boucle - des événements qui continuent de hanter mes rêves aujourd'hui encore. Je n'ai jamais pu garder le silence compte tenu de tout ce qu'il s'est passé, compte tenu de tout ce que j'ai à dire. Le prix de la liberté se résume à la vigilance éternelle. Comme l'a dit une fois le philosophe Espagnol George Santayana : "ceux qui ne se souviennent pas du passé sont condamnés à le répéter".

Nanette Blitz Konig (à gauche) et Anne Frank (à droite) au lycée juif d'Amsterdam (Joods Lyceum at Stadstimmertuin), 1941-42.

1

LA VIE AVANT LA GUERRE

Comment est-il possible d'entrevoir le moment où nos vies sont sur le point de basculer, ce moment où tout ce qui nous est familier s'apprête à ne plus l'être ? Comment aurais-je pu identifier le moment exact à partir duquel le cours de ma vie changerait à jamais ? Il m'arrive de repenser à mon enfance, de temps à autres, ainsi qu'aux moments que j'ai passés avec mon père, ma mère et mes deux frères. Ce sont des souvenirs si distants que l'effort que je dois fournir est conséquent si je ne veux pas que ces images en noir et blanc disparaissent une fois pour toutes. Je me demande parfois si ces jours ont réellement existé, ou bien s'il s'agit d'un conte de fées que d'autres personnes m'ont raconté - peut-être une infirmière après la guerre - pour que je me remette plus rapidement de ces événements sombres.

Ces images me confirment que je suis en pleine possession de mes moyens et, à mon plus grand soulagement, que j'ai bel et bien vécu ces moments. Sur la photographie que je prends entre mes mains, je vois combien mes parents sont heureux le jour de leur mariage. C'étaient de bons moments, remplis d'amour, et je suis heureuse de ne pas les avoir déjà oubliés. L'enfance me rappelle les sourires, les rires, la légèreté, et la liberté. Des visages heureux, si purs, qui ont été condamnés à mourir pour la simple raison qu'ils étaient juifs. Ce sont des temps au cours desquels nous avons été nombreux à nous demander pourquoi nous étions nés ainsi.

Ce n'était pas parce que nous n'aimions pas les personnes que nous étions ; être juif était une fierté, et il ne pouvait en être autrement. Cependant, le doute persiste : "Pourquoi nous ? Pourquoi nous ont-ils fait cela *à nous* ?".

Comprendre mon histoire revient à comprendre l'histoire de l'Europe, et celle du monde de l'époque. Combien de millions de vies ont-elles été changées au cours de cette période ?

Nos histoires ne sont jamais rien qu'à nous. Mon histoire, celle de Nanette, s'entremêle avec une histoire plus grande, l'histoire des Juifs durant la Seconde Guerre mondiale. Comprendre mon histoire revient à comprendre l'histoire de l'Europe, et celle du monde de l'époque. Combien de millions de vies ont-elles été changées au cours de cette période ? C'était le 10 mai 1940 que ma vie a changé pour toujours. Hitler envahit la Hollande avec sa puissante *Luftwaffe*, l'armée de l'air allemande, et en quelques heures, prit le contrôle de la grande majorité du pays. Le Führer avait ciblé la Hollande du fait de sa proximité avec la France, l'un des plus grands ennemis de l'Allemagne nazie. Sans défense face à l'invasion allemande, le gouvernement hollandais s'est rendu en cinq jours, laissant sa population aux mains des nazis. C'était le début de la fin.

Néanmoins, la vie était paisible avant qu'Hitler n'arrive. Je suis née le 6 avril 1929 à Amsterdam, capitale de la Hollande, d'un père hollandais et d'une mère sud-africaine.

Hélène, ma mère, était une femme en avance sur son temps et avait travaillé en tant que secrétaire avant d'épouser mon père. Quand mon grand-père maternel est décédé, l'une des sœurs aînées de ma mère - elles étaient quatre en tout - a fait des études pour devenir enseignante et ainsi contribuer au paiement des charges du foyer, qui était assuré par l'une de leurs tantes. Rapidement, elle incita ses petites sœurs à faire des études pour devenir secrétaires et travailler - indéniablement, c'était un foyer de femmes modernes. Ma mère s'est mariée à vingt-cinq ans et, même si elle est devenue mère au foyer, elle demeura une femme forte. Et l'éducation qu'elle a donnée à ses enfants est l'un de ses plus précieux héritages. Sans aucun doute, son dévouement et ses enseignements m'ont donné la marche à suivre, même quand il m'était devenu insupportable de vivre.

J'ai découvert très jeune ce qu'était la mort, et compris combien elle peut changer nos vies.

J'ai découvert très jeune ce qu'était la mort, et compris combien elle peut changer nos vies. Willem, mon petit-frère, est né avec une maladie cardiaque et est mort à l'âge de quatre ans. Ma mère savait que cela allait arriver et s'y était préparée, comme elle l'avait fait avec nous. Je me souviens de ce jour, rapidement après la mort de mon frère, où elle m'a dit : "Nanne, ma chérie, un jour ils trouveront un traitement. Malheureusement, Willem n'a pas vécu assez longtemps pour voir ce jour venir. Le jour où toi tu auras un enfant, ne t'en préoccupe pas". La mort de mon petit-frère aura malheureusement été la première grande perte de ma vie.

Mon père était une personne tout aussi admirable que l'était ma mère. Martijn Willem était hollandais et avait toujours été un jeune homme prometteur. Avoir un diplôme universitaire n'était pas la norme au début du vingtième siècle, il a donc étudié à la Amsterdam Business School. Rapidement, il est entré à la Banque d'Amsterdam et, petit à petit, fut nommé à des postes aux responsabilités toujours plus hautes jusqu'à devenir directeur de la banque. Il était très intelligent, et parlait plusieurs langues. Un jour, de retour d'un voyage d'affaires en Scandinavie, il me dit : "Nanne, la prochaine fois que j'irai là-bas, je parlerai leur langue". Je n'en n'avais jamais douté.

Ils étaient des parents aimants, et ont toujours essayé de nous apprendre, à mon frère et à moi-même, à devenir des personnes responsables, à leur manière. Étudier et avoir de bonnes notes ? Ce n'était pas *leur* responsabilité. Il nous appartenait à nous seuls de savoir quand faire nos devoirs, quand réviser pour un contrôle, et ce que nous devions faire pour nous améliorer. Je me remémore les jours heureux que nous avons vécus ensemble, et ne puis les remercier assez pour la manière dont ils nous ont éduqués. Les camps de concentration étaient des lieux où les nazis voulaient exterminer les juifs. Pour eux, il n'existait ni familles ni êtres humains dans ces camps. Je n'étais pas la fille cadette de Martijn et Hélène ; je n'étais qu'une détenue de plus sans visage, sans nom, sans droit. Comment aurais-je pu survivre dans un camp si j'avais ressenti le besoin constant d'être auprès de mes parents ?

La vie était normale à l'école primaire. La ségrégation n'avait pas encore commencé, ce qui signifiait que chrétiens et juifs allaient en classe ensemble. Nous vivions encore libres et étions heureux. Même si je n'étais pas souvent grondée, je souris chaque fois que je me rappelle ces jours, parce que j'étais loin d'être une enfant sage - j'ai certainement dû rendre mes parents fous quelques fois. Dans mes souvenirs d'enfance, je me rappelle avoir un jour grimpé sur le toit pour manger des pommes sur l'arbre du voisin. J'étais un garçon manqué. Mon frère, Bernard Martijn, de deux ans mon aîné, était bien plus sage. Il est difficile d'imaginer que, de nous deux, ce devait être moi la demoiselle.

Nous vivions dans une grande maison en triplex. J'aimais faire de la gymnastique et me plaisais à occuper le vaste espace mis à ma disposition pour m'entraîner. Essayez d'imaginer ma mère m'appelant pour dîner pendant que je me pendais aux anneaux de gymnastique... il faut profiter le plus possible des bons moments ! On ne sait pas ce qui arrivera ensuite, et jamais n'aurions-nous pu concevoir ce qui était sur le point de nous arriver.

J'aimais aussi lire des livres, des journaux, tout ce qui me passait sous la main ! J'avais l'habitude de descendre tôt le matin au seuil de la porte pour ramasser le journal de mon père, et aimais lire les titres en remontant les marches de l'escalier. Comment cela se fait-il qu'il n'ait jamais trouvé étrange que je mette autant de temps à remonter ces marches ? Peut-être le pensait-il, mais il appréciait probablement le fait de savoir que sa fille s'intéressait à ce qui se passait dans le monde et avait un esprit ouvert comme celui de sa mère.

Il faut profiter le plus possible des bons moments ! On ne sait pas ce qui arrivera ensuite, et jamais n'aurions-nous pu concevoir ce qui était sur le point de nous arriver.

Aujourd'hui, je comprends que mes parents nous ont encouragés à développer notre propre opinion et à ne pas nous voir imposer celles des autres, surtout si ces opinions empêchent le monde d'évoluer. C'est ce qu'ils ont fait avec la religion, par exemple. Nous n'étions ni juifs-orthodoxes ni juifs-traditionnels. Ma mère disait d'ailleurs qu'elle n'aimait pas être dans l'exagération, et mon père, qu'il était un libéral. Pourtant, cela ne voulait pas dire que notre éducation n'était pas façonnée par des principes religieux. Mon père m'avait fait étudier auprès d'un rabbin pendant cinq ans, puisqu'il pensait qu'il était important que j'apprenne l'histoire de notre peuple. Nous n'allions pas outre mesure à la synagogue. Cependant, chaque fois que nécessaire, mon père était tout à fait capable de mener un *minyan*, une prière publique qui requiert un quorum de dix hommes juifs.

Les choses changèrent au fil des années. Je me souviens de la Nuit de Cristal en novembre 1938, lorsque dans toute l'Allemagne on pilla les propriétés des juifs et incendia les synagogues. Hitler avait clairement commencé à mettre son plan en action, en chassant et en exterminant les juifs. En Hollande, néanmoins, les gens ne percevaient toujours pas le danger imminent qui planait au-dessus du pays. Puisque nous étions restés neutres durant la Première Guerre mondiale, tout le monde pensait que la même chose se produirait cette fois-ci.

En plus de sa neutralité au cours de la Première Guerre mondiale, la Hollande était également devenue un lieu sûr du fait de son antisémitisme plutôt dissimulé. Oui, il y avait de l'antisémitisme, mais ce n'était pas aussi explicite en Hollande qu'il ne l'était en Pologne, par exemple, où Hitler avait planté sa graine dans une terre à l'évidence fertile. Quand il publia *Mein Kampf* en

1925, qu'il avait écrit pendant ses années de prison, son message au sujet de nous, les "parasites", résonnait d'autant plus dans un tel contexte. En outre, après la Première Guerre mondiale, l'Allemagne avait été dévastée financièrement, politiquement et socialement, et tous les partis étaient prêts à jouer leur rôle. Je me souviens que mon père se disait "directeur de banque, bien que juif".

Je me souviens que mon père se disait "directeur de banque, bien que juif".

Après le 10 mai 1940, il ne subsistait plus aucun doute dans l'esprit des gens : la situation allait empirer pour la communauté juive de Hollande. Les nazis décidèrent rapidement que tous les Hollandais, s'ils étaient juifs, devaient se déclarer en tant que tels aux autorités. Ma famille et moi avons signé notre arrêt de mort le 22 mars 1941. Ces déclarations, tout comme l'administration de tous les ghettos en Pologne - où les juifs étaient pratiquement retenus prisonniers - étaient gérées par des Conseils Juifs réunis par les nazis. Ces institutions jouèrent un rôle très controversé pendant l'Holocauste.

Avec le temps, les juifs ont été mis en marge de la société, et je regardais ma liberté m'être confisquée sous mes yeux. Pour tout le monde, et pour moi-même, la vie en Hollande s'était nettement dégradée. À la fin de l'année 1940, les fonctionnaires qui étaient juifs furent virés, ainsi que les enseignants juifs. Rapidement, des mesures supplémentaires furent prises pour nous isoler des Hollandais, démontrant que nous n'avions nullement le droit de vivre en Hollande.

Nous étions bannis des transports publics, des parcs et des cinémas. Plusieurs commerces avaient installé des pancartes indiquant "Interdit aux juifs".

Je ne pouvais plus faire de bicyclette. Nous étions bannis des transports publics, des parcs et des cinémas. Plusieurs commerces avaient installé des pancartes indiquant "Interdit aux juifs", pour mon plus grand malheur. Quand nous nous rendions dans les quelques endroits dont l'accès nous était encore autorisé, nous devions porter notre écusson jaune, l'Étoile de David, qui nous rendait identifiables à tout moment et me faisait me sentir extrêmement vulnérable. De plus, on interdisait aux individus juifs de détenir un commerce, parfois même d'avoir une profession. Malheureusement, malgré les tentatives de la banque de garder un directeur qui lui était aussi cher, mon père a fini par être licencié. Je ne réalise toujours pas combien tout cela était démentiel. Ce dont j'étais sûre, c'était qu'au fur et à mesure que les plans d'Hitler avançaient, la situation allait devenir de plus en plus incompréhensible.

Après une opération menée avec une précision à l'allemande, les nazis avaient accumulé suffisamment d'informations sur les juifs en Hollande pour perpétrer leurs traitements abusifs. À la fin de l'année 1941, on informa les juifs qu'ils n'avaient plus le droit de choisir l'école où ils voulaient étudier. Vingt-cinq lycées juifs furent alors créés en Hollande, et je fus obligée d'étudier dans l'un d'eux. Je ne me souviens plus de ce que j'ai ressenti au moment exact où j'ai appris la nouvelle. C'était quelque chose que nous devions faire, donc nous l'avons fait, tout simplement. Mais imaginez une petite fille de douze ans, curieuse du monde qui l'entoure, qui commence à apprendre des choses sur elle-même, et qui, du jour au lendemain, doit complètement changer sa conception de la vie. On m'interdisait de voir mes camarades chrétiens ; je ne pouvais plus me rendre chez eux ni fêter leurs anniversaires. Et il fallait tout simplement accepter, comme si les Allemands étaient devenus des dieux guidant nos vies, jouant avec notre sort. Mus par la peur, les Hollandais acceptèrent ces décisions sans les questionner ni même protester. On ne pouvait plus rien faire, et c'était comme cela qu'il fallait continuer de vivre.

C'est dans mon nouveau lycée juif que j'ai rencontré cette fille géniale, maigrichonne, au sourire captivant, qui attirait l'attention de tout le monde avec ses histoires et sa vivacité intellectuelle. Le hasard avait voulu qu'Anne Frank et moi nous nous retrouvions dans la même classe du même lycée. Nous y étions tous juifs, élèves comme professeurs, ce qui rendait la situation d'autant plus dramatique pendant la guerre. La première année, nous étions trente élèves dans la classe ; au commencement de la seconde année, nous n'étions plus que seize. Les élèves commençaient tout simplement à disparaître, et on n'en entendit plus jamais parler - personne ne les mentionnait non plus. Se cachaient-ils, ou bien avaient-ils été déportés ? À la fin de l'année 1942, la presse hollandaise annonça que les nazis avaient décidé d'envoyer les juifs dans les camps de travail en Allemagne.

Le hasard avait voulu qu'Anne Frank et moi nous nous retrouvions dans la même classe du même lycée.

Puisque la déportation représentait le scénario le plus dévastateur, nous vivions dans la peur constante d'être enlevés, nous-mêmes et nos proches. Vous vous réveillez un jour, et vos cousins ne sont plus là ; le jour suivant, votre grand-mère a été déportée et a disparu, comme si elle n'avait jamais existé. Ce sont des moments traumatisants. Et c'était dans cette atmosphère d'angoisse et de souffrance collectives que nous étions capables de rester unis à l'école. La vie était difficile en ces temps faits de peur et d'oppression, nous le savions, et c'est pour cela que nous ne voulions pas faire empirer les choses en créant des clivages entre nous. Ce manque d'harmonie dans le monde était ainsi, pleinement ressenti, par un groupe d'enfants juifs n'ayant pas plus de quatorze ans.

À l'époque où Anne et moi étions au lycée juif, j'ai pu participer à une fête organisée pour son treizième anniversaire.

Anne Frank a disparu un jour, elle aussi. Sa famille et elle se cachèrent à partir de juillet 1942, et ils commencèrent à vivre à l'annexe secrète située dans l'entreprise de son père, Opekta Werke, spécialisée dans la préparation de confitures de fruits. Le bruit courait qu'ils s'étaient enfuis, mais personne n'en était sûr.

Néanmoins, à l'époque où Anne et moi étions au lycée juif, j'ai pu participer à une fête organisée pour son treizième anniversaire. Je me souviens avoir regardé une sorte de publicité pour une fabrique de confitures avant de voir le film "Rin Tin Tin" - à l'époque, les films étaient contenus dans des boîtiers. C'était la guerre dehors, donc nous n'avions droit qu'à une petite collation, et le couvre feu était fixé à huit heures du soir. Certains biographes ont écrit, à tort, que je lui avais offert un marque-page, en réalité, je lui ai offert une broche - je m'en souviens comme si c'était hier. J'ai également assisté au moment où elle a reçu son cher journal, devenu si célèbre par la suite. Personne dans le salon des Frank n'aurait alors pu imaginer que ces feuilles de papier reliées contiendraient un jour des mots capables d'émouvoir les lecteurs du monde entier. Tant de choses qu'aucun d'entre nous ici présent n'aurait été capable d'anticiper alors. Anne rêvait de devenir écrivaine, mais rien de ce qui allait advenir n'avait jamais fait partie de nos rêves, il s'agissait plutôt de nos pires cauchemars.

J'ai également assisté au moment où elle a reçu son cher journal, devenu si célèbre par la suite.

À la fin du mois de septembre 1943, notre sommeil fut un jour interrompu au petit matin par la cruelle réalité. Quelqu'un frappait à la porte, comme s'il essayait de la démolir. Je ne me rappelle pas si c'est ma mère ou mon père qui ouvrit la porte. Tout ce que je sais, c'est que je pouvais entendre les battements de mon cœur devenir de plus en plus forts à chaque instant, et que j'avais peur que quelqu'un ne les entende et ne s'en agace. Soudain, nous nous tenions tous les quatre devant les nazis. Nous ne savions pas quoi faire pendant qu'ils nous injuriaient et qu'ils nous précipitaient hors de chez nous, hors de notre propre domicile, avec le peu de vêtements et de biens que nous avions pu emporter. Comme cela était prévu, Pulse, une entreprise de déménagement engagée par les nazis pour vider le domicile des juifs déportés, vint ensuite et prit le contrôle de notre maison et des objets de valeur qu'elle contenait. À ce jour, je ne comprends pas comment Hitler a pu faire cela en toute impunité. Il avait transformé les hommes et les femmes en des animaux cruels dépourvus de toute humanité. Mais ce n'est qu'une des nombreuses questions que je continue aujourd'hui encore de me poser. Après septembre 1943, tandis que les nazis pourchassaient les derniers juifs qui se cachaient, la Hollande fut déclarée "pays sans juifs".

2

UN FUTUR INCERTAIN

Hitler n'aura eu de cesse de jouer avec nous. Après s'être servi de l'organisation et de la structure créées avec l'aide du Conseil Juif, et avoir interdit aux juifs d'emprunter les transports en commun, il nous a mis, ma famille et moi, dans un tramway en direction d'un futur incertain - notre futur incertain et sans espoir. Qu'aurais-je pu ressentir d'autre que de la peur ? À cette époque, il n'est aucun autre sentiment que je n'ai ressenti aussi profondément. La peur était devenue ma meilleure amie.

Mon père n'avait jamais songé à la possibilité que notre famille puisse se cacher, chose que les autres juifs hollandais avaient fait dès les premiers signes de l'approche du danger. Pour trouver un endroit où vous cacher, il vous fallait de l'argent et faire confiance à la personne qui vous aiderait à disparaître - mais il y avait toujours la possibilité d'être trahi et déporté. De plus, la fin de la guerre restait un mystère pour tout le monde. Combien de temps nous serions-nous cachés ? Toutefois, je sais qu'il avait une confiance totale envers une avocate, et pensait que cela suffirait pour se sentir en sécurité.

En réalité, il s'est avéré que le passeport de ma mère, délivré par l'Afrique du Sud (dont elle ne possédait plus la copie à l'époque), ne mentionnait pas son appartenance religieuse. Puisqu'elle n'était pas reconnue comme juive, l'avocate nous dit qu'elle pouvait obtenir un document qui puisse nous aider. Cela avait un prix, bien entendu. Elle ne nous donna jamais le dit document et, à la place, trahit notre confiance, comme elle l'avait fait avec tant d'autres familles.

Ceux qui se cachaient n'étaient pas en sécurité, puisqu'ils vivaient dans la peur d'être découverts et que quelqu'un ne les dénonce en échange d'une certaine somme d'argent.

Il est incroyable de constater combien la guerre fait ressortir à la fois le meilleur et le pire chez les gens. Les événements que nous avons vécus et observés nous en ont principalement montré le pire, malheureusement. Ceux qui se cachaient n'étaient pas en sécurité, puisqu'ils vivaient dans la peur d'être découverts et que quelqu'un ne les dénonce en échange d'une certaine somme d'argent. Que puis-je dire ? C'était la guerre.

Après avoir été capturés, nous avons été conduits à travers les rues désertes jusqu'à la gare ferroviaire d'Amstel. Comment cela se fait-il que personne n'ait essayé de nous aider ? Comment cela se fait-il que personne n'ait rien fait ? À vrai dire, tout le monde était terrifié à l'idée de faire quoi que ce soit. À l'époque, aider un juif, c'était la peine de mort. Personne n'est venu à notre secours, et c'est pour cela que nous étions là, prêts à partir.

Une gare ferroviaire peut mener vers différentes destinations : vacances, voyages d'affaires, visites à des proches. Avec cette gare, en revanche, nous embarquions contre notre gré vers un sort funeste. Notre destination était Westerbork, un camp de transit dans la province de Drenthe, au nord-est de la Hollande. La Hollande est un petit pays, le voyage allait être court, et ne prendrait pas plus que quelques heures. Je me rappelle que quelques gardes étaient avec nous dans le train. Ils voulaient s'assurer que nous ne nous échapperions pas et que nous arriverions bien à notre destination, comme si nous étions les plus grands criminels que le monde ait connus.

Le camp de Westerbork avait été construit par le gouvernement hollandais en 1939 pour accueillir les juifs qui avaient fui l'Allemagne, et qui vivaient dans la peur constante de ce que le parti nazi représentait pour leur sécurité. Il a fini par devenir un bâtiment très utile pour les intérêts pervers des Allemands. À la fin de l'année 1941, les Allemands avaient décidé que Westerbork ferait un camp de transit idéal pour accueillir les juifs hollandais avant de les envoyer vers les camps de concentration. En juillet 1942, les Allemands avaient pris le contrôle du lieu et mirent leur opération en place ; un arrêt rapide à Westerbork avant d'être envoyés vers la mort.

Le train arrivait en plein cœur du camp. Westerbork était un lieu totalement inhospitalier, entouré d'un paysage gris et insipide, loin de tout ce qui pouvait me rappeler la ville que nous avions laissée où, jusqu'alors, ma jeunesse et les dernières années de ma vie consistaient à jouer et à m'épanouir dans la plus grande des libertés. Cependant, quand je regarde en arrière et que je repense aux jours qui ont suivi cet arrêt à Westerbork, je sais aujourd'hui que c'était un endroit où la vie était meilleure en temps de guerre.

Le camp était doté d'une allée principale sur laquelle des baraques étaient disposées de part et d'autre. Je regardai autour de moi, et aperçus des gardes et des tours de guet. C'était l'arrière-plan sombre et solitaire d'une prison. Qui payait pour tout cela ? Nous précisément, parce que la manutention et l'agrandissement des camps étaient financés par la confiscation des propriétés des juifs.

Arrivés avec nos biens, nous avons été conduits vers la réception. Nous y avons déclaré notre nom, notre provenance, quand bien même nous ignorions la raison de notre arrivée ici. Ce processus était le même dans tous les camps de concentration tenus par les nazis, et concernait tous ceux qui n'étaient pas envoyés vers les chambres à gaz dès leur arrivée - c'était le cas s'ils étaient arrivés dans un camp d'extermination. Curieusement, une fois la guerre terminée, ce même processus a permis aux survivants de retracer les dernières étapes empruntées par certains membres de leur famille.

Au moment de la procédure d'inscription, ma famille et moi-même pouvions à peine parler. Mon frère, qui était déjà une personne discrète, était totalement effrayé. Nous avions tous ce regard inquiet sur le visage.

Les fugitifs étaient considérés comme des "juifs condamnés" et devaient porter un ensemble bleu avec des sabots de bois. Ils devaient rester dans les quartiers disciplinaires, forcés de travailler dans les pires conditions. Leur nourriture était rationnée.

Nous étions autorisés à garder nos propres habits, contrairement à ceux qui s'étaient cachés avant la déportation, comme c'était le cas pour Anne Frank et sa famille après avoir été retrouvés à l'annexe en août 1944. Les fugitifs étaient considérés comme des "juifs condamnés" et devaient porter un ensemble bleu avec des sabots de bois. Ils devaient rester dans les quartiers disciplinaires, forcés de travailler dans les pires conditions. Leur nourriture était rationnée. La famille d'Anne avait pour tâche de démonter d'anciennes batteries. Quel était le but d'un tel travail ? Nous l'ignorions, de la même manière que nous ignorions quelle était la finalité de bon nombre des travaux assignés aux juifs envoyés dans les camps de concentration.

Après la procédure d'inscription, nous avons été envoyés vers nos baraquements. Ma mère et moi devions nous rendre au baraquement des femmes, tandis que mon père et mon frère étaient envoyés vers celui des hommes. Même si nous dormions à différents endroits, nous avions la liberté de nous retrouver un petit moment pendant la journée, ce que nous avons fait aussi souvent que possible. Nous dormions dans des lits superposés, un luxe comparé aux conditions qui nous furent imposées par la suite, ou à la situation de ceux qui avaient survécu aux chambres à gaz à Auschwitz.

Pour moi, Westerbork était un lieu paradoxal, puisqu'il accueillait des milliers de réfugiés de différents endroits. C'était un camp de transit, qui recevait des visiteurs de manière sporadique et, en même temps, il hébergeait des gens qui avaient formé une communauté et trouvé un foyer en ce lieu. Il y avait entre autres des écoles, un théâtre, et des hôpitaux, par exemple, ainsi que d'autres structures dans lesquelles les juifs-allemands s'investissaient particulièrement, puisqu'ils s'y trouvaient depuis le tout début.

Les juifs-hollandais qui y étaient déportés ne restaient pas plus que quelques jours, ou peut-être quelques semaines. Chaque fois que l'on rencontrait des personnes que l'on connaissait d'Amsterdam, on les perdait de vue aussitôt, puisqu'elles montaient dans le train qui les conduirait rapidement vers leurs pires cauchemars. Ma famille et moi sommes restés là plus longtemps, ce qui nous donnait de l'espoir, et en même temps, nous rendait plus anxieux de jour en jour - ces jours me paraissaient parfois sans fin.

Du fait de l'estime qu'inspirait le métier de mon père, nos noms avaient été inscrits sur la liste Palestine qui, entre autres, recensait les juifs qui pouvaient être échangés contre des Allemands faits prisonniers de guerre. Cela signifiait que nous gardions une once d'espoir qu'un jour nous serions envoyés loin d'ici, loin de cet environnement. Cet espoir n'était, en fin de compte, qu'une illusion.

Nous devions faire la queue longuement pour réchauffer notre nourriture grâce à des chauffages d'appoint, et prenions des douches froides, même en hiver. Nous n'avions pas de toilettes, mais des latrines.

Nous avions suffisamment à manger, suffisamment pour ne pas avoir faim. Cependant, nous avions perdu le confort que nous offraient nos foyers. Nous devions faire la queue longuement pour réchauffer notre nourriture grâce à des chauffages d'appoint, et prenions des douches froides, même en hiver. Nous n'avions pas de toilettes, mais des latrines. Le fait de vivre dans un tel contexte est quelque chose qui a changé ma conception de l'hygiène. Nous ne pouvions pas y faire grand chose, et cela nous embarrassait grandement.

Je ne travaillais pas à Westerbork, mais je me proposais souvent pour m'occuper des enfants qui, un jour, s'en allaient avec des adultes qui les emmenaient vers leur triste sort. Au moins, les enfants pouvaient se divertir quelques fois. On chantait des chansons et on jouait avec eux, pour ajouter un brin de fantaisie à cet univers insipide. Dans ce contexte, les adultes faisaient de leur mieux pour protéger les enfants.

Mon frère et moi, qui avions respectivement seize et quatorze ans, n'étions plus des enfants. De plus, la situation nous avait rendus plus matures plus rapidement que les autres enfants de notre âge, et nous mettions tout en œuvre pour que nos parents ne s'inquiètent pas pour notre sort. Un jour, nous avons entendu une conversation sur ce qu'il se passait dans les camps à notre insu. Pendant que nous étions dans ce camp de transit, je me rappelle que mon père se rendait de temps en temps à Amsterdam. Que pouvait-il bien faire là-bas ? Je ne le sais pas, et ces voyages restent pour moi une énigme aujourd'hui encore.

Westerbork était un endroit relativement calme. Mais ce n'était qu'un leurre pour inciter les juifs à prendre part à ce plan répugnant en leur faisant croire que tout irait bien. Contrairement aux camps de concentration, il y avait très peu de nazis ici, et le peu qui était présent avait pour mission de garder le périmètre, pendant que la police hollandaise était chargée de faire régner l'ordre dans le camp. Je pense que les nazis n'étaient là que pour s'assurer que les déportés soient bel et bien envoyés vers la bonne destination. Puisque certains juifs n'étaient là que pour quelques jours, j'imagine qu'ils n'étaient pas en mesure de comprendre à quoi la vie ressemblait ici.

Hormis cette vie en apparence sans encombre, l'angoisse était omniprésente dans notre vie quotidienne. Chaque lundi, on lisait à voix haute les noms de ceux qui étaient obligés de se présenter pour la déportation. C'était quelque chose d'horrible ! Les appelés étaient terrifiés quand ils entendaient leurs noms, tandis que ceux qui n'étaient pas désignés lâchaient un soupir de soulagement. Nous ne savions pas quand ce serait notre tour, mais pourtant, le savoir était toujours mieux que d'imaginer l'inconnu, puisque que nous connaissions déjà à l'époque l'existence des camps d'extermination. Mais notre soulagement ne durait jamais plus d'une semaine, puisque le lundi suivant de nouveaux noms étaient appelés une fois encore, et que nous espérions de toutes nos forces ne pas entendre celui que portait notre famille. Ceux qui étaient appelés à être envoyés dans les camps d'extermination devaient se rendre dans la cour intérieure et se tenir prêts à prendre le train du lendemain. Aujourd'hui, en regardant en arrière, je ne peux imaginer de scénario plus grotesque : des familles qui réunissent les quelques biens qui leur restent, dans le seul et unique but d'être envoyées vers la mort. Quelle humanité est-ce donc que cela ?

Anne Frank avait connu la même procédure : son nom figurait sur la liste des appelés du jour, elle fut alors mise dans un train en partance pour Auschwitz, le 3 septembre 1944.

Anne Frank avait connu la même procédure : son nom figurait sur la liste des appelés du jour, elle fut alors mise dans un train en partance pour Auschwitz, le 3 septembre 1944. Il s'agissait de l'un des derniers moyens de transport en Hollande qui continuait d'effectuer le trajet en direction de l'un des camps les plus redoutés. La famille Frank au complet a ainsi rejoint les quatre autres personnes avec qui elle s'était cachée.

Les opérations au camp de Westerbork étaient pilotées à distance par Albert Gemmeker, chef du camp, qui demeure encore à ce jour un personnage mystérieux. Il faisait la promotion d'événements culturels au sein du camp, et n'avait jamais été vu en train de châtier un prisonnier - des actes dans lesquels les gardes allemands, eux, semblaient trouver un certain plaisir. Tous les mardis, il était là, calme et attentif, observant ce qui aurait pu être les premières scènes d'un film d'horreur.

À cause des conditions d'hygiène précaires, ma mère avait attrapé des poux. Les camps étaient infestés de poux, et il était extrêmement énervant de devoir vivre avec ces insectes infâmes, sans rien pouvoir y faire, sans traitement ni chance de pouvoir se laver correctement. Cet événement a entraîné chez elle une dépression nerveuse.

Quand je repense à ces journées interminables que nous avons passées à attendre que quelque chose arrive, je ne sais toujours pas comment je faisais pour regarder de l'avant. Le futur était une gros point d'interrogation. Ce dont j'étais sûre, c'était qu'ils avaient réussi à m'arracher à mon école, à ma vie, et qu'ils m'avaient violemment traînée hors de chez moi, et que j'attendais à présent un avenir qui ne montrait pas le moindre signe d'optimisme. Comment réagir face à cela ? Comment pourrais-je surmonter ces journées sans fin ? Quel espoir pourrais-je avoir quant à cette vie qui m'attend ?

La tension et l'angoisse étaient devenues si écrasantes qu'un jour, tout à coup, je me suis évanouie en plein milieu du camp.

La tension et l'angoisse étaient devenues si écrasantes qu'un jour, tout à coup, je me suis évanouie en plein milieu du camp. J'ai soudainement perdu connaissance, et une vieille dame est venue à ma rescousse. Je suis revenue peu à peu à moi alors qu'elle me tapotait doucement le visage pour me réveiller. Je me suis peut-être évanouie à cause des conditions de vie précaires auxquelles nous étions sujets, mais plus probablement, parce que mes nerfs étaient continuellement à vif. Mon corps essayait-il de m'aider à m'échapper de ce cauchemar ?

C'est ainsi que nous vivions notre vie à Westerbork : en gardant notre famille unie malgré les circonstances, et en essayant de laisser de côté ces pensées qui nous hantaient quotidiennement. Des mois interminables s'écoulèrent jusqu'à l'hiver 1944, rendus d'autant plus pénibles par l'absence d'eau chaude ou de quoi que ce soit dans lequel nous aurions pu trouver du réconfort contre le froid. Aurait-il été préférable pour nous de rester là jusqu'à la fin de la guerre ? Au moins, nous y aurions survécu. Mais les Allemands n'avaient pas l'intention de nous laisser survivre.

Les Allemands n'avaient pas l'intention de nous laisser survivre.

Le 14 février 1944, nous fûmes convoqués une nouvelle fois pour écouter les noms de ceux qui allaient être envoyés vers une destination inconnue. Cette fois-ci, ma famille n'allait pas connaître ce bref instant de soulagement : Martijn Willem, Hélène, Nanette et

Bernard devraient se présenter le lendemain au départ du train pour la déportation. Ce rite a perduré en notre absence, avant de prendre fin le 15 septembre 1944, jour où le dernier train quitta Westerbork pour Bergen-Belsen avec quelques personnes à son bord, laissant plus d'un millier de détenus dans le camp de transit.

Tandis que certains transitaient brièvement, ma famille et moi y sommes restés pendant quatre mois. Je ne saurais dire si partir était la fin ou simplement le début. La même scène que j'avais vue et observée tant de fois se jouait à présent avec les membres de ma famille. Tous les quatre, nerveux et angoissés, nous attendions sur le quai l'arrivée de notre train. J'espérais intimement qu'il n'arriverait jamais, pour que nous n'ayons pas à partir. Mais cela ne se produisit pas, et il nous fallait à présent monter à bord.

Qu'avons-nous ressenti à cet instant crucial ? Un peu de soulagement, car nous savions que nous nous dirigions vers Bergen-Belsen, un camp où les conditions de vie étaient meilleures par rapport aux autres. Pourtant, ce soulagement ne dura pas longtemps - nous ne connaîtrons plus aucun moment d'insouciance à compter de ce jour.

3

PREMIÈRES IMPRESSIONS DE BERGEN-BELSEN

Nous ne savions pas à quoi nous attendre à Bergen-Belsen. Plusieurs mois s'étaient écoulés à Westerbork, sans que nous ne percevions le risque de mourir comme un risque. Mais serions-nous aussi "chanceux" à Bergen-Belsen ? Nous nous dirigions vers un nouvel endroit qui nous était complètement inconnu, contrôlé par les nazis, et qui n'était probablement pas un bon environnement pour des juifs.

Une fois de plus, nous étions à bord d'un train ordinaire. Plus tard, nous découvrîmes qu'il s'agissait là d'un "privilège" auquel nous avions eu droit, puisque les juifs que l'on déportait vers les camps d'extermination étaient transportés dans des wagons à bestiaux, dotés de latrines et sans rien à manger - ces conditions étaient vraiment inhumaines. De plus, les trains allant vers l'ouest devaient parcourir des distances plus importantes et mettaient des jours avant d'atteindre leur destination finale.

Le train qui nous amenait était plongé dans un silence plus criard que ne l'auraient été les mots. L'idée de parler de notre malheur effrayait tout le monde. Quand quelqu'un parlait, c'était toujours bref. Je me rappelle que, depuis l'occupation allemande, ma mère avait pour habitude de nous demander à mon frère et à moi de faire attention à ce que nous disions car "les murs ont des oreilles".

L'Allemagne, territoire ennemi tout autant qu'il était craint, était notre destination. On ne nous donna pas de quoi manger au cours de ce voyage. Les soldats SS, vêtus d'uniformes noirs auxquels s'ajoutaient d'imposantes bottes militaires et un casque, nous tenaient compagnie. Ils dégageaient quelque chose de sinistre, comme s'ils n'avaient jamais eu d'autre choix que d'arborer des visages crispés, surplombés de regards noirs. Ils portaient également un ceinturon sur lequel était écrit *Gott mit uns*, "Dieu est avec nous". Quel genre de Dieu était-ce ? Ce n'aurait pu être qu'un dieu malintentionné comme Hitler, qui avait fourni tous les efforts possibles pour apprendre à ses fidèles à le servir.

Les SS, ou *Schutzstaffel*, furent créés en 1925, avec pour but d'en faire une brigade d'élite destinée à protéger Adolf Hitler. Quelles étaient les prérequis nécessaires pour faire partie d'une telle brigade ? Il va sans dire qu'Hitler ne pouvait choisir de s'entourer que de recrues disposant d'un minimum de "qualifications". Donc, afin de devenir responsable de la sécurité du leader nazi, il fallait faire partie de la race aryenne et être ardemment dévoué au parti nazi. Sans surprise, la devise des SS était *Mein Ehre heisst Treue*, "mon honneur s'appelle fidélité". Très clairement, Hitler n'était pas à la recherche de travailleurs lambda, mais de partisans de sa doctrine qui seraient capables de mettre ses plans à exécution.

À compter de 1929, les SS furent placés sous la commande d'Heinrich Himmler, qui était tout aussi pervers qu'Hitler, leur chef. Himmler était l'un des hommes les plus importants que comptait le parti nazi, tout comme l'étaient Hermann Göring (Ministre de l'Aviation), Joseph Goebbels (Ministre de la Propagande), et Martin Bormann (Secrétaire personnel du Führer). Au départ, la brigade d'élite était restreinte, mais elle s'étendit sous le règne d'Himmler jusqu'à englober les autres organisations dont disposait le parti nazi. C'est ainsi que les SS et Himmler prirent le contrôle des camps de concentration en 1939, puis des camps d'extermination en 1941. On estime que, tout au long de la Seconde Guerre mondiale, les SS comptaient près d'un million de membres.

Evidemment, tout seul, Hitler n'aurait pas été capable d'implémenter son plan pervers.

On estime que, tout au long de la Seconde Guerre mondiale, les SS comptaient près d'un million de membres. Evidemment, tout seul, Hitler n'aurait pas été capable d'implémenter son plan pervers.

Tout au long de notre trajet vers l'Allemagne, nous avons été escortés par des gardes allemands, dont nous ignorions à la fois l'identité et les intentions. Nous n'avions aucune idée de ce qu'ils étaient capables de nous faire. Pour une jeune-fille de quatorze ans, néanmoins, leur posture sinistre et leur air austère me terrifiaient. Ces nazis n'étaient certainement pas là pour lier des amitiés avec nous.

Comme en Hollande, la campagne allemande se vêt en été d'un paysage très bucolique. Mais une fois l'hiver venu, les tons gris de ce même paysage s'intensifiaient par l'intranquillité de nos âmes. Tandis que le train poursuivait sa trajectoire, des images se succédaient devant mes yeux : les vacances que nous avions passées en Suisse, nos voyages vers l'Angleterre pour y rencontrer des membres de notre famille, les jeux auxquels mon frère et moi jouions. Connaitrions-nous encore pareils moments de joie ? Retrouverions-nous un jour une vie normale et notre chez-nous ? Pourrai-je, à l'avenir, grandir, étudier, trouver un travail ? Rien n'était moins sûr.

J'ai senti mon estomac se nouer en arrivant sur le territoire allemand.

J'ai senti mon estomac se nouer en arrivant sur le territoire allemand. C'était là où tout avait commencé. C'était là où, en 1933, les citoyens allemands avaient élu démocratiquement un chef qui prêchait une épuration du pays de tout ce qui était impur - y compris les juifs. Que pouvaient-ils nous faire ici ? Ces gens dotés de traits si beaux et si sereins, dont les enfants si attendrissants, souriaient, jouaient... Comment pourraient-ils nous faire du mal ?

Quand le train arriva à sa destination finale, mon cœur se mit à battre plus vite. C'est une chose que d'imaginer ce qui pourrait arriver, c'en est une autre lorsque votre imagination devient réalité, on ne peut rien faire d'autre qu'avancer. Aurions-nous pu essayer de nous échapper de ce train ? Les SS nous auraient-ils, par erreur, donné l'opportunité de nous enfuir loin d'ici ? Afin d'empêcher les détenus de s'échapper, il y avait des SS postés sur le toit du train. À certains moments, quelques passagers s'abandonnaient au désespoir et tentaient de s'évader après avoir cru apercevoir la Pologne à travers les brèches des wagons à bestiaux, avant de se rendre compte qu'ils se dirigeaient vers Auschwitz-Birkenau. Les fugitifs se voyaient amputés d'un membre, ou bien tués. Les chances de réussir une évasion étaient pratiquement inexistantes.

Contrairement à ce qui était d'usage à Westerbork, notre arrêt ne se situait pas dans le camp. Vers où irions-nous ensuite ? À quoi fallait-il s'attendre ? Tout le monde se leva de son siège et rassembla les quelques affaires qu'ils avaient pu prendre avec eux. Nous nous dirigeâmes vers la sortie, comme en transe, puisque nous n'avions pas d'autre alternative. Qu'auraient-ils fait si je m'étais rebellée et que j'avais refusé de descendre du train ? Si j'avais refusé d'avancer un instant, et que j'avais piqué une crise - typique des adolescents ? Je pense que je n'aurais pas été là aujourd'hui. Il n'y avait pas de place pour la désobéissance en Allemagne nazie.

Il n'y avait pas de place pour la désobéissance en Allemagne nazie.

À la descente du train, c'est comme si j'avais été électrocutée. La réalité se dévoilait devant mes yeux. Plusieurs hommes SS étaient calmement disposés en ligne, comme s'ils s'apprêtaient à commencer une journée de travail ordinaire, à côté de leurs bergers allemands, colossaux et féroces. Ces chiens étaient le visage de la terreur elle-même. Ils aboyaient tout en nous fixant avec cette lueur démoniaque dans leur regard, se languissant d'un morceau de notre chair. J'espérais de tout mon cœur qu'on ne les détache pas, pour ne pas qu'ils s'approchent plus près de ma famille ou de moi.

C'est à ce moment-là que nous avons compris le rôle que jouaient les gardes SS. Ils n'étaient pas là pour nous aider - ils avaient été entraînés pour nous humilier et nous tourmenter aussi longtemps qu'ils le pourraient. C'était la première différence marquante avec Westerbork, puisqu'il n'y avait là-bas que quelques nazis, et qu'ils ne nous cherchaient presque jamais d'ennuis. Cependant, les camps de concentration étaient pris en charge par les Allemands, et non pas par la police hollandaise ou les juifs-allemands. Ma peur et ma crispation s'intensifièrent alors.

Les hommes SS s'approchèrent avec leurs chiens, nous hurlant dessus en allemand. Ils juraient tout en nous disant de marcher en ligne, puisqu'il nous restait un long chemin à parcourir avant d'arriver à Bergen-Belsen. On se mit rapidement en ligne, en attendant d'être guidés vers la bonne direction. À partir de ce moment, personne n'osa plus protester et chacun garda les yeux rivés vers le sol, craignant de croiser le regard de quelqu'un d'autre.

Il s'agissait d'un moment décisif. Nous avions été chassés de chez nous, vécu plusieurs mois à Westerbork sans savoir de quoi demain serait fait - ce qui nous causait déjà beaucoup de soucis - mais nous avions survécu, et jusqu'à présent, nous nous en sommes sortis sains et saufs. À présent, la véritable réalité se dévoilait devant nous. Je marchais dans cette file, à côté de ces bêtes qui avaient été entraînées à attaquer ceux qui ne suivraient pas les ordres, tout près d'hommes qui ne montraient aucunement qu'ils feraient quoi que ce soit pour nous venir en aide. Incontestablement, il n'y avait plus de place pour l'illusion.

Nous étions au nord de l'Allemagne, près d'Hanovre et de Celle, la dernière était une cité médiévale à l'air de petite ville comprenant plusieurs châteaux. Rien de ce que nous ne vivions n'était similaire à la vie que menaient les habitants allemands dont nous étions si proches.

Ces habitants allemands étaient-ils dans leurs maisons, en train de se sustenter confortablement avec un repas chaud ? Étaient-ils autorisés à rester chez eux sans que l'on ne les en empêche ? Certainement, oui. À cette époque, nous avions déjà conscience du fait que nous n'étions pas autorisés à mener une vie normale, et que le mot "confort" serait à jamais rayé de notre vocabulaire à l'intérieur de ce camp de concentration. Dès lors que nous avions perdu notre chez-nous, il n'y avait plus d'espoir pour notre sort.

Nous marchâmes à travers un paysage au décor hivernal, orné de nombreux arbres défeuillés dans lesquels grondait le bruit du vent. Le froid de l'hiver était sur le point de nous quitter pour laisser sa place au printemps. Quel environnement magnifique... Comment de telles atrocités ont-elles pu y prendre place ? Comment a-t-on pu laisser ces événements se produire ? Les gardes allemands et leurs chiens étaient les seuls à être autorisés à faire du bruit ; nous n'avions pas la permission de dire quoi que ce soit, de demander où nous allions ou ce qu'ils avaient l'intention de faire avec nous. Nous n'avions même pas le droit de protester, ni de nous plaindre du fait que nous ne voulions pas être ici.

La situation était telle que nos parents craignaient pour leurs propres vies, comme des enfants sans défense, incapables d'y faire quoi que ce soit pour y remédier.

Mes parents étaient tout près et affichaient une crainte immense. Les enfants voient généralement leurs parents comme un refuge, l'assurance que tout ira bien. Si quelque chose va mal, les enfants savent vers où aller, l'épaule sur laquelle pleurer. Cependant, la situation était telle que nos parents craignaient pour leurs propres vies, comme des enfants sans défense, incapables d'y faire quoi que ce soit pour y remédier. Face à un tel malheur, je ne pouvais les rendre responsables de ce qui pourrait m'arriver. J'ai compris à ce moment-là que je devrais moi-même prendre soin de ma personne. Je n'avais aucune idée de ce que cela impliquait, ni le niveau d'indépendance que l'on attendrait de moi.

Cela faisait plus d'une demie heure que l'on marchait, et nous ne semblions pas très préoccupés de n'avoir rien eu à manger depuis notre départ de Westerbork. Parfois nous, les êtres humains, avons tendance à penser que nous n'avons plus la force d'endurer certains événements qui nous sont imposés. Quand cela arrive, nous n'avons d'autre choix que de continuer d'avancer. Évidemment, dans certaines situations, l'insupportable s'avère insurmontable - et c'est quelque chose que je n'allais découvrir qu'à Bergen-Belsen.

Après une marche aussi anxieuse qu'interminable, nous étions enfin arrivés au camp. Un vacarme traînant retint mon attention, tout comme le fit l'observation des rails du chemin de fer. Depuis l'agitation habituelle le mardi à Westerbork, lorsque les détenus étaient censés partir pour les camps de travail, je ne voyais plus les chemins de fer comme quelque chose de positif. Aujourd'hui, je me rends compte que ces soupçons étaient fondés. Ces rails représentaient l'émiettement de la communauté juive.

Dès le premier coup d'œil, Bergen-Belsen me fit mauvaise impression. Le paysage n'était pas très beau à contempler, ni à habiter, d'ailleurs. Il consistait en une grande propriété dotée de nombreuses baraques et entourée de fil de fer barbelé. Cet environnement était horrible. Pourquoi avaient-ils besoin de tout cela ? Était-ce pour protéger les gens à Bergen-Belsen, ou bien pour leur nuire ? Cela ne pouvait signifier rien de bon.

Ce lieu était constitué de plusieurs camps, séparés les uns des autres par des barbelés. C'était une propriété immense, et je me demandais où nous allions être affectés. Plus nous nous rapprochions de l'endroit, plus cette impression que nous n'allions pas y couler des jours heureux grandissait en moi. Quand je vis les tours de guets en haut desquelles étaient postés des soldats SS, armes en main, j'abandonnai tout espoir de nous voir un jour quitter ce lieu. Je me suis alors demandé si, un jour, je pourrais encore vivre dans une maison normale, dans un environnement qui ne me fasse pas continuellement sentir que je fais partie des pires personnes que l'humanité ait portées, comme si nous avions commis un crime par le simple fait d'être en vie. Je suis sûre que toutes les familles juives ne savaient rien de ce qui les attendait, et qu'elles n'avaient que peu d'espoirs pour le futur.

Je ne saurais dire si j'avais déjà compris ce que cela signifierait pour moi, pour ma vie, que d'avoir été dans un camp de concentration. Vous ne pouvez comprendre un tel endroit que lorsque vous y avez vécu - il n'y a pas d'autre moyen de mieux comprendre. Malgré tout, c'est un endroit que l'on ne peut saisir dans son intégralité, parce qu'on ne peut pas concevoir que ce qui existe est inconcevable.

À l'époque, la plupart de nos connaissances, de nos proches et de nos amis vivaient la même situation, le même train de vie dans les camps - s'ils n'étaient pas déjà morts. La déportation des Hollandais avait commencé en juillet 1942, et la Hollande était l'un pays où cette opération prenait place.

La première fois que le plan avait été implanté, l'Allemagne nazie agissait avec précaution, maniant les euphémismes pour dissimuler leurs intentions. Les Juifs allaient être envoyés dans des camps de travail, et personne ne semblait savoir ce que cela signifiait. Avec le temps, d'autres mesures furent adoptées, et ce que les Allemands souhaitaient accomplir devint de plus en plus clair, tout comme le degré de cruauté de leur plan.

Tout au long de son accession au pouvoir, Hitler s'est emparé du "problème juif" dans des termes pratiques, et uniquement sur le territoire allemand. Les juifs devaient quitter son pays, comme cela avait été le cas pour la famille Frank, qui quitta Francfort pour la Hollande en 1933, terre prétendument plus sûre pour eux. Mais quelques mois plus tard, l'idée d'enfermer les opposants au régime - ou considérés comme opposants - avait finalement pris forme. Le camp de Dachau avait été construit, à l'époque, dans une ancienne usine de poudre à canon en périphérie de Dachau, en Allemagne. C'est là que les tziganes, les homosexuels et les juifs étaient emmenés. Avec la montée de la guerre, qui s'intensifiait au fil des invasions de pays européens - plusieurs d'entre eux se virent être occupés par l'Allemagne nazie - les nazis commencèrent à s'occuper du "problème juif" à une échelle continentale.

Le problème devint critique dans les pays d'Europe de l'Est, tels que la Pologne et l'Union Soviétique, où l'antisémitisme sévissait fortement. Hitler avait signé le pacte Molotov-Ribbentrop, un traité de non-agression avec l'Union Soviétique, ratifié plus tard en 1939. Toutefois, afin de permettre aux ambitions nazies de se réaliser, les troupes allemandes ne tinrent pas compte du pacte en juin 1941, quand ils envahirent le territoire soviétique, à l'époque sous le commandement de Joseph Staline. Après cette invasion, Himmler devint le responsable de la sécurité du territoire occupé et détenteur de l'autorité d'éliminer physiquement toute personne qui se mettrait en travers de ses plans - une réalité qui prit une tournure dramatique.

Au départ, on tuait les détenus en leur faisant inhaler du monoxyde de carbone, généré par des moteurs diesel. Mais, dans la mesure où les nazis recherchaient un moyen d'extermination plus efficace, ils firent le choix du Zyklon B.

Les camps d'extermination avec chambres à gaz avaient été initiés premièrement en Pologne. Au départ, on tuait les détenus en leur faisant inhaler du monoxyde de carbone, généré par des moteurs diesel. Mais, dans la mesure où les nazis recherchaient un moyen d'extermination plus efficace, ils firent le choix du Zyklon B, un désinfectant industriel qu'ils utilisaient sous forme de comprimés, qui rendait mortelles les substances chimiques au contact de l'air. Cette solution a été utilisée pour tuer simultanément des milliers de détenus, dans des camps tels que Majdanek, Treblinka et Auschwitz-Birkenau. Les leaders nazis se rassemblèrent lors de la Conférence de Wannsee, qui eut lieu le 20 janvier 1942, pour aborder la "Solution Finale", dont le but était d'exterminer les individus juifs. Au moment de notre arrivée à Bergen-Belsen, un des nombreux camps de concentration nazis, nous n'étions pas au fait de l'étendue de ce plan.

Quand nous sommes arrivés à Bergen-Belsen, ma grand-mère et quelques-uns de mes cousins avaient déjà été déportés à Sobibór, un camp d'extermination en Pologne, où quelques détenus avaient tenté de s'évader - ce fut la seule et unique tentative de ce genre. Les détenus s'étaient ligués pour monter un complot visant à tuer tous les gardes avant de prendre la fuite. Le 14 octobre 1943, au moment de passer à l'action, l'opération est révélée après que quelques militaires SS ont été tués. Seul un petit groupe de prisonniers réussit à s'échapper, tandis que les autres furent capturés ou exécutés. Même ceux qui n'avaient pas tenté de s'évader et qui étaient restés dans le camp furent abattus par les SS. Après tout, si l'un d'entre eux avait survécu, il aurait pu raconter au monde entier l'enfer qu'il avait connu. Grâce aux registres que nous avons consultés, nous savons à présent que ma chère grand-mère Marie a été déportée à Sobibór le 23 avril 1943, où elle est décédée.

Mais pendant la guerre, nous n'avions aucun moyen de savoir ce qui était arrivé à ceux qui avaient été déportés dans d'autres camps. Ce manque d'information nous rendait malades. Les gens disparaissaient, des gens que nous aimions, des gens que nous côtoyions tous les jours, et nous ne pouvions rien y faire. On commençait à imaginer ce qui aurait pu leur arriver, mais aucune piste ne se présentait à nous. Nous traversions les mêmes épreuves, et notre propre futur était tout aussi incertain que ne l'était le leur. Qu'allait-il nous arriver *à nous* ?

Cela peut paraître curieux pour la nouvelle génération que nous n'ayons pas été au courant de ce qu'il se passait alors. Il nous faut garder à l'esprit que les temps étaient différents à l'époque, et que les outils de communication n'occupaient pas la place qu'ils occupent aujourd'hui. Les camps de concentration, et surtout les camps d'extermination, étaient situés dans des lieux peu accueillants et éloignés de tout. De plus, quand quelqu'un se pointe chez vous, une arme à la main, quand la loi et tant de monde sont contre vous, il n'y a pas grand chose à faire, et il vous est impossible de résister face à eux. Les nazis ne voulaient laisser aucune trace, et ne comptaient laisser personne se mettre en travers de leur plan.

Il est impressionnant de constater l'allure à laquelle cette peur que vous ressentez grandit en remarquant que ceux que vous aimez sont tout aussi impuissants que vous ne l'êtes. Quand nous sommes entrés dans Bergen-Belsen, un sentiment de terreur a envahi ma poitrine au moment où j'ai compris que j'allais devoir me battre pour survivre, tout en me faisant un souci permanent pour mon père, ma mère et mon frère. Nous devions rester ensemble, avancer ensemble et demeurer sains et saufs jusqu'à ce que notre situation évolue. Mon Dieu, quand verra-t-on la fin de cette horrible guerre infestant notre Europe, déjà dévastée ?

Le camp de Bergen-Belsen fut créé en 1940 et, au départ, était réservé aux prisonniers de guerre. En avril 1943, les SS d'Himmler en prirent le contrôle et le transformèrent en camp de séjour, avant d'en faire un camp de concentration.

Ces camps étaient divisés en sous-camps qui fonctionnaient à différentes périodes. Les camps de séjour restèrent en activité jusqu'en avril 1945, et étaient divisés en quatre sous-camps : le Camp Spécial (*Sonderlager*), le Camp Neutre (*Neutralenlager*), le Camp Étoile (*Sternlager*) et le Camp Hongrois (*Ungarnlager*). Dans le Camp Spécial se trouvaient les juifs d'autres pays, dotés de passeports immigrés, notamment d'Amérique du Sud. La plupart des personnes envoyées là-bas ne survécurent pas, et beaucoup furent envoyées dans les chambres à gaz d'Auschwitz-Birkenau pour y être exterminées. Le Camp Neutre recevait des juifs d'Europe, venus de pays restés neutres pendant la guerre, comme l'Espagne et la Turquie. Les conditions de vie y étaient considérées comme étant bonnes, et il est dit que les détenus qui y vécurent ne furent pas traités avec trop de cruauté.

Le Camp Étoile était plus grand que les autres, et c'est là que l'on envoyait les juifs inscrits sur la liste Palestine - en théorie, ils étaient censés vivre dans de meilleures conditions. Les Allemands considéraient les juifs de ce camp comme des "marchandises", et se devaient de leur donner une certaine apparence pour qu'ils puissent être donnés en échange d'autre chose. De plus, l'Allemagne souhaitait garder la Croix Rouge loin des camps, afin de pouvoir faire comme bon lui semblait et d'empêcher les représailles des autres pays ou la dégradation de son image à l'internationale. Enfin, le Camp Hongrois recevait les juifs-hongrois qu'Himmler prévoyait d'utiliser en échange contre de l'argent ou des biens.

Les camps de détenus étaient constitués du camp de détenus initial, auquel s'ajoutait le Camp de Convalescence (*Erholungslager*), le Petit Camp de Femmes (*Kleines Frauenlager*), le Camp de Tentes (*Zeltlager*) et le Grand Camp de Femmes (*Grosses Frauenlager*).

Ces structures n'étaient pas inter-connectées, et les détenus ne pouvaient pas se déplacer librement d'un camp à l'autre. De ce fait, même si vous connaissiez quelqu'un qui avait été envoyé dans le même camp, il n'était pas dit que vous ayez pu vous y rencontrer.

Après la guerre, je suis restée en contact avec plusieurs connaissances qui, elles aussi, étaient allées à Bergen-Belsen, sans savoir à l'époque que c'était le cas. Sincèrement, ce lieu était comme une grande prison.

Si l'endroit est pourvu d'un crématorium, il ne faut pas escompter que les gens y restent en vie trop longtemps.

Nous n'étions pas dans un camp d'extermination, mais j'avais remarqué qu'il y avait un crématorium ici. Et, si l'endroit est pourvu d'un crématorium, il ne faut pas escompter que les gens y restent en vie trop longtemps.

Nous avons pris une douche froide après être entrés dans le camp. Je n'avais jamais été aussi gênée de toute ma vie. Nous avons été forcés de nous déshabiller et nous laver les uns devant les autres. Personne ne se préoccupait de savoir si cela nous gênait, ou nous humiliait. De l'eau chaude, un bon savon, une serviette pour nous sécher ? Tout cela consistait en des produits de luxe que nous n'avions pas le droit d'utiliser. Au vu de la manière dont ils nous traitaient, et des noms desquels ils nous affublaient, il était clair qu'à partir de maintenant, nous les juifs, perdîmes notre dignité. Votre histoire, qui vous étiez, et ce que vous aviez accompli dans votre vie ne signifiaient plus rien ici ; nous n'étions rien d'autre que d'ignobles parasites.

Après la douche, nous avons été envoyés à la réception. L'une des premières choses qui retint mon attention à Bergen-Belsen, c'était que l'on ne voyait ni n'entendait les oiseaux voler et chanter au-dessus de nos têtes. C'était étrange, puisque nous étions dans une zone riche de beaucoup d'arbres et de prairies verdoyantes à l'été, pourtant, il n'y avait pas un signe de vie autour de nous. En effet, quel est l'oiseau qui s'enthousiasmerait devant des fils barbelés, des tours de guet, des armes et des visages apeurés ? Une chose est sûre, les oiseaux libres ne chanteront pas pour nous. La nature manifestait son désarroi face à ce qu'il se passait à Bergen-Belsen, face à tout ce qu'il se passait en ces temps effroyables.

À la réception, nous devions déclarer notre nom ainsi que notre provenance. Le fait que je m'appelais Nanette Blitz, que j'étais née en Hollande, et que j'aimais beaucoup faire de la gymnastique les intéressait-ils ? Le fait que mon père était un homme brillant ayant devant lui, jusqu'alors, une carrière prometteuse dans la finance ? Non, rien de tout cela ne les intéressait. Nous n'étions qu'un numéro supplémentaire, ajouté à cette machinerie immense.

Puisque nous étions sur la liste Palestine, nous avons été envoyés au Camp Étoile, héritant son nom de l'Étoile de David, qui indiquait que nous étions juifs. En outre, nous avions le droit de garder nos vêtements, et n'étions soumis ni à la tonte de nos cheveux ni au tatouage de numéros sur notre peau. Nous étions considérés comme étant des privilégiés, potentiellement échangeables contre un bien - ce qui nous aurait permis de partir quelque part loin de Bergen-Belsen. Cependant, cette possibilité se changea en une illusion, au vu du peu de détenus libérés sous ces conditions.

Tous ceux qui s'en allèrent vers les autres camps n'avaient pas le droit de garder leurs vêtements, et à la place, devaient porter quelque chose qui ressemblait à un pyjama rayé. Pouvez-vous imaginer ce que cela faisait de porter les mêmes habits tous les jours, sans autre option ? Avec le temps, tout devenait vraiment répugnant. Même si je n'ai jamais porté cet uniforme, c'est probablement la raison pour laquelle, aujourd'hui encore, je ne porte pas de rayures. C'est un des souvenirs infâmes que j'ai gardé à l'esprit tout au long de ma vie après les camps.

Comme je l'ai dit avant, contrairement à Westerbork, qui était tenu par des juifs-allemands, Bergen-Belsen était sous les ordres des SS d'Himmler - connu pour être tout aussi froid que cruel. Ici, nous n'aurions pas de commandant comme Gemmeker, qui assistait aux pièces de théâtre montées par les juifs du camp. Du moment où nous sommes descendus du train, au cours de cette longue marche, et pendant que nous nous enregistrions, tout semblait réglé comme du papier à musique, méthodiquement, même dans la manière dont ils nous manquaient de respect. Il nous a alors semblé évident que rien n'était improvisé. Il s'agissait d'une machine bien huilée, dans laquelle chacune des pièces avait un rôle. Nous étions au contact de véritables robots qui suivaient aveuglément la stratégie menée par Hitler et sa doctrine.

Après la douche et l'inscription, nous fûmes envoyés vers notre camp et affectés à un baraquement. Ma mère et moi sommes allées dans un baraquement, mon père et mon frère dans un autre. Une fois encore, les hommes et les femmes devaient dormir séparément. Je souhaitais vivement que l'on puisse rester ensemble, pour pouvoir me sentir plus en sécurité. Le fait de n'avoir ni mon père ni mon frère avec moi signifiait que je me ferai du souci pour eux toutes les fois où je devais en être séparée.

Rapidement, j'ai remarqué que notre baraquement était plus grand que celui dans lequel nous vivions à Westerbork, mais il comptait aussi un plus grand nombre de femmes. C'était un grand espace dans lequel plusieurs lits superposés étaient disposés côte à côte. Une fois de plus, il n'y aurait pas d'intimité. Dans notre ancienne maison, j'avais une chambre pour moi toute seule, avec un lit chaud, confortable et propre. Ici, les gens dormaient dans des lits en bois rigide superposés avec de la paille. Toute cette paille venait sûrement d'étables, et c'était tout ce que nous méritions.

Ici, les gens dormaient dans des lits en bois rigide superposés avec de la paille.

La plupart des personnes de notre logement et présentes dans le Camp Étoile venaient de Hollande. Il y avait aussi des personnes de nationalités différentes, comme des Tunisiens, des Yougoslaves et des Français, mais ils étaient moins nombreux. Les camps de concentration étaients comme une tour de Babel : polonais, tchèque et allemand étaient quelques unes des langues parlées ici. Certaines personnes ne pouvaient pas se comprendre du tout entre elles, tandis que d'autres y parvenaient un peu mais suffisamment. Tout ce qui comptait était que l'on comprenne les nazis. La communication était plus simple dans notre baraquement du fait du grand nombre de personnes parlant hollandais. Mais j'étais capable de parler d'autres langues, comme l'anglais - ma mère avait étudié en Angleterre et y avait de la famille - l'allemand, et un peu de français que j'avais appris à l'école.

Observer cet endroit, triste et misérable, et imaginer que l'on allait devoir y rester pendant une durée indéfinie sans savoir ce qui allait nous arriver, me déprimait. Nous ne pouvions l'appeler notre "chez-nous", il aurait été étrange de dire cela de Bergen-Belsen parce que ça n'avait pas l'apparence d'une maison. Il s'agissait, sans équivoque, d'un camp de concentration, et n'avait pas été construit pour faire en sorte que les détenus s'y sentent à l'aise.

Les personnes envoyées ici étaient autorisées à garder leurs biens dans le baraquement. Le long des murs, à l'intérieur, il y avait des sacs à dos contenant tout ce que nous avions le droit de transporter avec nous. C'est une chose que je trouvais curieuse : même si on aurait dit qu'il était possible à tout un chacun de faire ses valises et, à tout moment, de partir, il fallait que je me répète que cela n'était pas possible, parce que nous étions prisonniers de cet endroit et de cette situation. Je devais rester là où j'étais avec le peu de choses que j'avais gardées avec moi.

Je dormais dans un lit superposé près de ma mère. Après les mois que nous avions passés à Westerbork, cette situation n'avait plus rien d'exceptionnel. Nous y dormions dans des lits similaires et partagions nos vies avec de parfaits étrangers. Mon père et mon frère avaient été envoyés, là-bas également, dans un baraquement séparé, mais la vie à Westerbork était faite de moins de contraintes. Bien entendu, nous étions loin de chez nous, loin du reste de notre famille, loin de notre vie, mais au moins à Westerbork, personne n'entravait nos tentatives de survie, ni ne testait nos limites comme ils allaient le faire ici, dans notre nouveau domicile.

Malgré mon anxiété, je m'endormis rapidement, exténuée après ce long voyage. Être dans ce baraquement à Bergen-Belsen était le début d'une nouvelle vie pour moi. Tout ce que je connaissais de la vie, et de cette vie que je pensais mienne, n'existait plus. À présent ne subsistaient plus qu'une anxiété constante et mes incertitudes quant au futur. Quand vous vous retrouvez dans un camp de concentration, votre préoccupation principale est de survivre jusqu'au lendemain. Nous ne pensions plus en années, et ne nous inquiétions plus que de ce dont demain serait fait.

Que pouvait espérer une si jeune fille, comme je l'étais à l'époque, du futur ? Aller à l'école, apprendre, grandir, se faire des amis, se préparer pour l'âge adulte, se marier, construire une famille... Les objectifs principaux qu'une jeune fille devrait avoir consistent en deux choses : avoir de bonnes notes à l'école et respecter ses parents. Je ne pouvais éprouver que de la souffrance face au dessein que Bergen-Belsen avait pour nous, et c'était ce que nous allions découvrir bientôt.

4

VIE QUOTIDIENNE AU CAMP

La vie en camp de concentration dépasse l'entendement. Seuls ceux qui en ont fait l'expérience peuvent en saisir pleinement l'horreur, l'incertitude et l'anormalité. Il arrive même fréquemment que les personnes qui sont passées par là ne parviennent pas à s'exprimer correctement au moment de partager leur expérience, parce qu'elles ont fait tout ce qui était en leur pouvoir pour effacer tout souvenir de leur mémoire. Sans jamais avoir commis aucun crime, d'un jour à l'autre, ma famille et moi avons été coupés du monde et mis en marge de la société. Un tel sort n'est réservé qu'à ceux qui ne peuvent plus faire partie d'une communauté. Quel est le crime que nous avions commis pour en arriver là ? Être juif était devenu un délit, et nous allions en payer le prix.

Issus de la classe moyenne, nous vivions une vie ordinaire en Hollande. Mon père assurait la stabilité du foyer grâce à son travail, ma mère était une personne formidable et s'est occupée de notre éducation et, motivés par nos parents, mon frère et moi étudions dans le but de devenir, nous aussi, des gens bien. Cependant, tout ce qu'il y avait d'ordinaire dans nos vies nous fut arraché sans explication ni espoir de retour à la normale.

Avant, notre rituel matinal se déroulait ainsi : nous nous levions, nous lavions le visage, petit-déjeunions, avant de partir avec notre liste de choses à faire pour la journée. Dans les camps de concentration, il n'y avait ni tables sur lesquelles prendre notre petit-déjeuner, ni serviettes pour nous laver le visage, ni brosses à dent. Dans des circonstances normales, nous considérons parfois ces choses et le bien-être qu'elles nous procurent comme acquis. En échange, lorsque ces choses vous sont retirées, le choc que cela crée est effrayant - vous en perdez le sens des réalités. Quand, avec d'autres survivants, nous nous étions remémorés ces jours dans le camp, il nous fut difficile de poser des mots. "Effrayant" est le seul terme qui me vient en tête.

Passer par un camp de concentration bouscule les valeurs qui sont les vôtres.

Passer par un camp de concentration bouscule les valeurs qui sont les vôtres : vous n'êtes plus la personne que vous étiez avant. Nous considérons tant de choses comme acquises dans la vie, sans même y prêter attention, et nous n'en connaissons le prix qu'au moment où nous les perdons. Quand cela arrive, vous vous sentez vide, comme si plus rien n'avait de sens. Vous vous sentez perdu, parce que tout ce qui vous faisait vous sentir en sécurité, soudainement, n'existe plus.

Et, si la vie en camp de concentration ne ressemblait pas à la vie tout court, comment pourrais-je ne serait-ce qu'essayer d'en décrire les aspects ? Y aurait-il quoi que ce soit de similaire à un rituel matinal dans un tel endroit ? Notre rituel consistait à se battre pour notre survie - c'est ce qu'il nous fallait faire tous les jours : nous battre, à chaque seconde, dans le but de survivre. Une telle conduite devait s'accompagner de discipline à chaque étape, afin de ne pas faire de "mauvaise manœuvre" et nous faisait ressentir une peur et une angoisse constantes. Cette période de calme relatif à Westerbork était derrière nous à présent et Bergen-Belsen allait rapidement devenir un combat pour nos vies. Cela, nous le sûmes au moment même où nous avons mis un pied ici.

C'est là que les nazis ont montré leur face la plus cruelle, révélant qui ils étaient et la perversité des desseins qui étaient les leurs. Ce qui était à l'ordre du jour était conditionné par l'humeur de ces soldats, qui étaient là pour rendre nos vies invivables au possible. Tous les jours, il y avait un comptage des présents (*Appell*). Quel intérêt trouvaient-ils à la répétition de ces appels sans fin ? Nous n'en avions pas la moindre idée, et il y avait tant d'autres choses que nous n'avons pas compris du temps de notre séjour ici.

Dans chaque baraquement, il y avait quelqu'un chargé de vérifier que nous étions tous bien présents à l'appel. Tout le monde devait y participer, sans exception. Il nous fallait nous rendre sur une sorte de place, nous aligner et attendre que le cauchemar prenne fin.

Les détenus devaient être présents à l'appel, même s'ils ne s'en sentaient pas en capacité de l'être physiquement. Vous pouviez être malade, incapable de marcher correctement - cela n'avait aucune importance : soit vous vous y rendiez, soit vous mouriez. Les nazis se fichaient également du mauvais temps. Pas un jour ne se passait sans que l'appel n'ait lieu, que ce soit sous une pluie battante ou dans le froid de l'insoutenable hiver. Pourquoi se soucieraient-ils du froid qu'il faisait ? Ils étaient protégés et tenus bien au chaud sous leurs uniformes ; seuls les détenus pouvaient se soucier du froid.

L'appel prenait des heures entières - c'était écrasant. Chaque détenu du camp était compté, et s'ils se perdaient dans leur compte, ils recommençaient tout depuis le début. Je me souviens de ce jour où il avait fait si froid que l'un des détenus attrapa une engelure. La seule solution viable fut de l'amputer de son orteil. Pouvez-vous imaginer de perdre un de vos orteils à cause de quelque chose de totalement saugrenu ? C'était ce à quoi ressemblait notre vie quotidienne ici.

Dans mes souvenirs, je me rappelle les heures interminables d'attente, sans pouvoir bouger, pendant l'appel. En plus de nous soumettre à faire cela, les nazis ajoutaient leurs chiens vicieux à ce spectacle désolant. Ces chiens étaient entraînés pour tuer. Les soldats en charge de ces chiens avaient d'épais rembourrages autour de leurs bras pour se protéger en cas d'attaque. Vous pouvez imaginer ce qu'il se passait lorsque quelqu'un se faisait mordre sans aucune protection par l'un de ces chiens.

Ces chiens étaient entraînés pour tuer. Les soldats en charge de ces chiens avaient d'épais rembourrages autour de leurs bras pour se protéger en cas d'attaque.

Je me demande parfois s'ils ont fait tout cela pour faire vaciller un peu plus notre santé mentale et nous apeurer plus que nous ne l'étions déjà. Le degré de cruauté de ces êtres humains était démesuré. Rien ni personne n'était susceptible de susciter en eux quelconque compassion. L'appel leur servait-il à calculer le nombre de personnes qui étaient déjà mortes ? Si quelqu'un venait à mourir au cours du comptage, cela ne les perturberait probablement pas, vu que rien ne pouvait les perturber. Nous comptaient-ils pour s'assurer qu'aucun de nous ne s'était échappé ? De toute façon, il était impossible de s'échapper d'ici.

Tout ce qui était fait ici et dans d'autres camps de concentration était orchestré avec une précision industrielle, afin que tout fonctionne comme sur des roulettes. Le nombre de trains pour la déportation, le nombre de détenus, les procédures en place dans chaque camp, voire la maltraitance exercée sur les captifs - tout cela faisait partie d'une fabrique d'atrocités à grande échelle.

Tout ce qui était fait ici et dans d'autres camps de concentration était orchestré avec une précision industrielle, afin que tout fonctionne comme sur des roulettes.

Quand nous sommes arrivés à Bergen-Belsen, c'est le commandant Adolf Haas qui en était en charge. Avant de travailler ici, Haas avait dirigé le camp de Niederhagen, un des camps de concentration nazi les plus petits. Ce dernier ferma en 1943, à la suite de quoi Haas fut envoyé à Bergen-Belsen. Vous vous rendez bien compte que l'Holocauste dépendait entièrement du nombre de personnes impliquées dans cette opération. Quand nous parlons de l'Holocauste et des nazis, la première personne qui nous vient à l'esprit, c'est Adolphe Hitler, le chef de file de tout cela. Toutefois, chacune des pièces du puzzle jouait un rôle bien spécifique pour que tout marche correctement. Par exemple, Joseph Goebbels, le Ministre de la Propagande, était aussi un antisémite forcené. Il est l'homme à l'origine de la diffusion des idées du parti nazi à travers l'Europe, dont la haine envers les juifs. Hitler n'aurait pas pu faire tout cela seul : enraciner l'horreur a nécessité la participation de millions de personnes aveuglées, endoctrinées par les idées du Führer - qui résonnaient, parfois, avec les leurs.

Bergen-Belsen n'était pas un camp d'extermination, mais les conditions de vie qui y régnaient n'étaient pas faites pour permettre la survie. De quoi a-t-on besoin pour survivre ? De la nourriture et une hygiène décente. Ni l'une ni l'autre n'étaient disponibles à Bergen-Belsen, ni dans aucun autre camp de concentration. Ils avaient comme intention d'épuiser les détenus, petit à petit, pour qu'ils n'aient plus la force de vivre.

Il y avait suffisamment de nourriture à Westerbork pour que n'ayons pas faim, mais la situation changea à Bergen-Belsen, où nous n'avions droit qu'à un seul repas par jour - les jours où l'on nous nourrissait. Chaque fois qu'il nous était donné de quoi manger, il fallait faire la queue pour recevoir la petite portion de nourriture qui nous attendait, qui consistait souvent en une sorte de soupe de navets avec un gros morceau de pain. Nous avons dû nous habituer à ne pas avoir de vrai repas pendant quelque temps.

Seuls ceux qui ont souffert de malnutrition peuvent en comprendre les effets sur le corps humain. Vous perdez votre force, vous vous sentez faible, et vous commencez à vous flétrir. Dès que je le pouvais, j'essayais de rester près de ma mère, de mon père et de mon frère. J'avais remarqué que nous étions hâves, comme l'étaient les personnes autour de nous. Les êtres humains ne savent pas combien de temps ils peuvent tenir sans nourriture, et en même temps, ils en arrivent à faire tout ce qui est en leur pouvoir pour trouver de quoi se nourrir. Ces événements vous permettent d'apprendre tellement de choses sur l'esprit humain et sa capacité à lutter pour sa survie.

Puisque nous n'avions pas grand chose à manger, je me

souviens que nous parlions beaucoup de nourriture dans le camp. Les détenus se rassemblaient et fantasmaient sur ce qu'ils allaient manger une fois qu'ils auraient quitté cet endroit - d'énormes banquets étaient souvent mentionnés. Certains avaient mémorisé des recettes entières. C'était une manière d'échapper à la cruauté de la vie ici, le temps d'un instant, et croire qu'il pourrait y avoir une vie après cet endroit, une vie dont nous pouvions rêver.

Passer du temps avec les enfants était une autre manière d'essayer de fuir la réalité. S'occuper d'eux, leur raconter des histoires pour qu'eux aussi puissent rêver, était une manière de s'aider soi-même. De nombreuses femmes s'occupaient des enfants, notamment de ceux qui étaient devenus orphelins. Mais toute cette attention ne les empêchait pas d'être traumatisés. Peu importe leur jeune âge, ils avaient la sensibilité nécessaire pour enregistrer ce qu'il se passait ici.

Hormis le manque de nourriture, l'autre versant de la critique de la situation à Bergen-Belsen résidait dans l'absence d'hygiène. L'état des latrines se dégradait à mesure que de nouvelles personnes arrivaient dans le camp. Chaque fois que je me remémore ces latrines, une nausée extrêmement forte m'envahit et me procure un sentiment d'aversion tout aussi fort. Cela peut paraître difficile pour quelqu'un doté d'une vraie salle de bain, propre et reluisante, d'imaginer ce que cela fait. Mais imaginez un nombre incalculable de personnes en train d'utiliser les mêmes toilettes crasseuses jour après jour. L'immonde odeur acide qui s'en dégageait était supportable, mais nous avons dû apprendre à vivre avec. Nous n'avions pas non plus de savon pour pouvoir prendre une douche et nous sentir un peu moins sales.

Le manque d'hygiène est quelque chose qui retire toute sa dignité à un être humain. Lorsque vous êtes forcé de vivre dans un tel environnement, vous vous sentez complètement humilié. Cette crasse qui nous entourait reflétait ce que nous valions : rien. Nous n'étions rien. Pire encore, nous étions des parasites dans la société nazie, et étions traités de la sorte.

Au-delà de l'aspect psychologique, ce sont nos corps qui ont été affectés aussi. Notre santé empirait nettement du fait des conditions d'hygiène précaires et de la dénutrition. Chaque camp de concentration était un nid à maladies, et Bergen-Belsen ne dérogeait pas à la règle.

Le manque d'hygiène est quelque chose qui retire toute sa dignité à un être humain. Lorsque vous êtes forcé de vivre dans un tel environnement, vous vous sentez complètement humilié.

Il y avait une invasion de poux, mais pas uniquement dans nos cheveux. Notre état était tel que certains détenus avaient des poux sur l'ensemble du corps. C'était une sensation atroce que de sentir ces insectes hargneux ramper sur notre corps, bien déterminés à ne nous laisser aucun répit. Les poux de corps envahissent les vêtements, les draps, les couvertures, et sont attirés par le manque de lavages réguliers. Les camps de concentration étaient donc un environnement particulièrement fertile pour leur prolifération.

Les invasions de poux étant particulièrement dérangeantes, nous avons essayé de rester aussi propres que possible à l'aide des petites ressources que nous avions. Je me rappelle passer beaucoup de temps à essayer d'enlever les poux de nos vêtements. Cela prit beaucoup de temps, parce qu'il fallait traquer ces petites bestioles et les retirer à mains nues.

Les poux n'étaient qu'un problème parmi d'autres dans cette histoire. Il y avait plusieurs autres maladies qui se propageaient à travers le camp et aggravaient la santé des détenus. En plus de l'hygiène défaillante, de nombreux détenus avaient également la diarrhée. Si celle-ci s'avère gênante en temps normal, imaginez ce qu'il en était dans ces conditions là. Je n'avais pas de diarrhée à l'époque, mais ma mère l'a eue quelques fois. Parvenez-vous à imaginer ce que cela doit faire que d'être dans cette situation et de devoir rester debout tout au long d'un appel, sans savoir combien de temps cela allait durer ? Il n'y avait aucune compassion, et c'était exactement ce qu'ils voulaient : nous rappeler que nous n'étions rien, que nous n'avions aucune valeur, et que nous n'avions aucun droit.

Hormis la diarrhée, de nombreux détenus avaient aussi le

typhus. Il s'agit d'une autre maladie associée, entre autres, au manque d'hygiène et aux espaces fortement surpeuplés. Le typhus rendait les gens très faibles. Les malades avaient des maux de tête, étaient indisposés et nauséeux. Je me rappelle qu'il y avait un grand champ près du camp, et les nazis nous interdisaient d'y mettre les pieds. Ils voulaient empêcher que les maladies ne se répandent dans les populations voisines, car ces affections ne devaient atteindre que les "sales parasites", et non pas les spécimens de la race aryenne.

Évidemment, nous n'avions pas de traitement médical adéquat. Tout ce que nous pouvions faire était d'espérer que nous ne tomberions pas malades ici, ce qui était quasiment impossible au vu des conditions dans lesquelles nous vivions. Et, si vous tombiez malade, tout ce que vous pouviez espérer était de vous rétablir promptement. En plus de vivre en temps de guerre, ce qui raréfiait déjà l'accès à la nourriture et aux médicaments, nous vivions dans un camp de concentration. Les médicaments étaient des produits de luxe, puisque nous n'avions déjà pas de quoi nous nourrir.

Voir l'état des gens se dégrader de jour en jour fut une expérience épouvantable. Plus le temps passait, et plus les gens se décomposaient devant nos yeux. C'est comme si notre humanité nous était retirée, petit à petit. Au fil des jours, nous devenions tous de plus en plus faibles, de plus en plus maigres et de plus en plus malades. Nous étions complètement désespérés, et livrés à nous-mêmes.

C'est comme si notre humanité nous était retirée, petit à petit. Au fil des jours, nous devenions tous de plus en plus faibles, de plus en plus maigres et de plus en plus malades. Nous étions complètement désespérés, et livrés à nous-mêmes.

Notre manque d'espoir grandissait au fur et à mesure que les jours défilaient, parce que nous ignorions tout de ce qu'il se passait en dehors du camp. Nous vivions coupés du monde, sans aucun contact avec l'extérieur, ni aucune nouvelle. Il n'y avait ni radio, ni journal, ni rien. Le peu que nous savions, nous l'apprenions des nouveaux arrivants. Nous vivions la même chose jour après jour, dépourvus de toute information concernant notre futur : nous ne savions pas si les choses finiraient par s'arranger, ni même si nous allions pouvoir un jour quitter cet endroit.

Nous ne savions pas, par exemple, que la guerre sévissait plus intensément en 1944 que jamais auparavant. Les forces de l'Axe, composées de l'Allemagne, de l'Italie et du Japon, affrontaient les forces Alliées - les États-Unis, le Royaume-Uni et l'Union Soviétique - à travers l'Europe. Le Brésil rejoignit la guerre cette même année. En juillet, les soldats brésiliens arrivèrent en Italie pour se battre aux côtés des Alliés. Ils vainquirent les Allemands dans plusieurs villes stratégiques aux quatre coins de l'Italie, avant de contribuer à la libération de la nation italienne en avril 1945.

Alors que, dehors, la guerre se poursuivait, rien ne semblait indiquer que les détenus seraient libérés à Bergen-Belsen. Ce lieu représentait pour moi un énorme trou noir. Les gens commençaient à mourir à cause de la précarité liée aux conditions de vie, et je vivais dans la peur continue qu'il ne nous arrive quelque chose à ma famille ou à moi-même. Nous vivions avec la mort, sans cesser de nous demander si nous serions les prochains cadavres a être transportés vers le crématorium. D'une manière ou d'une autre, nous devions survivre.

Dans ce scénario tout aussi désespérant que déprimant, les détenus s'efforçaient de rester unis autant que possible. Alors que les Allemands nous brimaient et tentaient de mettre fin à nos vies, nous avons pris le contrepied de ces attaques en nous aidant les uns les autres. Les détenus partageaient un sentiment de communauté, notamment ceux qui venaient d'un même pays. Nous nous entraidions chaque fois que cela nous était possible.

Chaque jour était une lutte pour la survie. Mais, ce genre de lutte, nous ignorions la manière dont il nous fallait la mener. Nous vivions une réalité fabriquée sans droit de réagir. La seule marche à suivre consistait à aller de l'avant, tout en évitant les ennuis. Nous vivions dans l'obscurité, aveugles, parce que nous ignorions tout des plans des nazis - il suffisait que vous vous trouviez au mauvais endroit au mauvais moment, et c'était suffisant pour les agacer.

C'est dur à expliquer ; le fait que nous étions en vie était quelque chose qui les agaçait.

Les *Schutzstaffel*, plus connus sous le nom de SS, semblaient apprécier le rôle qui leur avait été donné. Les troupes paramilitaires faisaient tout ce qui était en leur pouvoir pour faire de notre vie ici un véritable enfer. Toutes les fois où il leur fallait nous adresser la parole, ils avaient recours à des insultes, des humiliations et des menaces. Nous ne pouvions pas exiger d'être traités avec respect, cela était tout simplement impossible. Nous devions accepter d'être traités de la sorte si nous souhaitions rester en vie.

Ce qui nous choqua le plus, c'est le fait que les nazis avaient la conscience tranquille en ayant recours à la violence, parce qu'ils pensaient réellement qu'ils faisaient une bonne action au nom de l'Allemagne.

Ce qui nous choqua le plus, c'est le fait que les nazis avaient la conscience tranquille tandis qu'ils avaient recours à la violence, parce qu'ils pensaient réellement qu'ils faisaient une bonne action au nom de l'Allemagne. La société doit rester vigilante quand les idéologies s'enlisent si profondément qu'elles soutiennent des barbares aux desseins abominables.

L'une des tactiques qu'ils utilisaient fréquemment pour nous perturber, était de constamment nous faire changer de baraquement. Il n'y avait aucune explication à cela : ils nous faisaient savoir, à la manière désagréable qui était la leur, que nous devions rassembler nos affaires et partir dans la direction qu'ils nous indiquaient. Mais nous n'avions pas le droit de bouger tant que les choses n'étaient pas organisées telles qu'ils le souhaitaient eux-mêmes, selon leurs propres règles.

À chaque fois, cela nous était très désagréable. En plus de passer des heures à attendre pendant l'appel, sujets à des menaces permanentes et obligés de faire face au manque d'hygiène et de nourriture, nous étions envoyés à droite à gauche comme si quelque chose dans notre vie s'apprêtait à changer, sans que ce soit finalement le cas. Nous vivions sous une tension permanente, et chaque instant paraissait plus difficile que le précédent.

J'étais loin de savoir - et bien plus encore d'imaginer - que les nerfs de mon père étaient, en fait, à vif. Il avait commencé à échanger de la nourriture contre des cigarettes ; il se privait volontairement du peu qu'il avait pour pouvoir fumer. Ce genre de marché noir était très commun dans les camps de concentration. Puisqu'il n'existait aucune échappatoire, les détenus échangeaient tout ce qui pouvait avoir une valeur. La nourriture était un produit de luxe à Bergen-Belsen, donc si vous aviez besoin de vêtements, il vous fallait amasser une certaine quantité de nourriture en échange. Mon père avait décidé que, pour lui, la chose la plus importante était de pouvoir fumer.

Les nazis se servaient aussi du travail forcé pour nous infliger de la souffrance. Mes parents, mon frère et moi n'étions pas dans l'obligation de travailler, parce que nous étions inscrits sur la liste Palestine. Il m'arrivait parfois de travailler à l'extérieur des baraquements, peignant ou bien réparant ce qui le nécessitait le plus dans ce lieu précaire. Le travail de certains détenus, en revanche, était une vraie torture. Les juifs devaient s'atteler à la réalisation de tâches tout aussi absurdes qu'inutiles, sinon ils étaient réprimandés. Par exemple, ils devaient transporter des pierres et les empiler à un certain endroit, avant de devoir les rapporter à leur point d'origine.

Les juifs devaient s'atteler à la réalisation de tâches tout aussi absurdes qu'inutiles, sinon ils étaient réprimandés. Par exemple, ils devaient transporter des pierres et les empiler à un certain endroit, avant de devoir les rapporter à leur point d'origine.

Ceux qui étaient forcés de travailler devaient le faire durant des heures, jusqu'à épuisement, dans des conditions déplorables. Même si nos conditions de vie n'étaient pas celles d'un camp d'extermination équipé d'une chambre à gaz décimant les gens à leur arrivée, celles-ci étaient si exécrables qu'elles consumaient les gens à petit feu. Le but était de nous anéantir petit à petit, et il y avait un million de raisons pour que cela fonctionne.

Peu après notre arrivée à Bergen-Belsen, ma tante, mon oncle et mes deux jeunes cousines ont également été envoyés ici. Cet "oncle" était en fait le cousin de mon père. Ses filles étaient si petites, sans défense - à l'époque, elles avaient un et sept ans - mais elles prenaient déjà pleinement part à la souffrance qui régnait ici. Certains enfants étaient si jeunes, que l'on se demandait s'ils comprenaient quoi que ce soit à cette situation, si cette expérience allait rester ancrée en eux à jamais. Des années plus tard, nous avons pu confirmer que ces enfants sont devenus des adultes traumatisés.

Je ne le savais pas à l'époque, mais une fille qui était allée au lycée juif avec Anne Frank et moi avait également été envoyée à Bergen-Belsen. Elle s'appelait Hannah Elisabeth Pick-Goslar, ou "Lies Goossens" dans le *Journal d'Anne Frank*. Elle avait été à Westerbork avec son père et sa petite-soeur, avant d'être tous les trois déportés vers Bergen-Belsen. Elle était dans un autre camp, donc nous n'avons jamais pu nous voir.

Une fois, ma mère a rencontré un rabbin qui faisait potentiellement partie de notre famille. Je me rappelle qu'ils ont passé un long moment à échanger, essayant de savoir s'ils appartenaient au même arbre généalogique, avant de se rendre compte qu'il y avait bel et bien une parenté. Ma mère et le rabbin ont reconnu qu'ils descendaient tous les deux de David. Plus tard, j'ai découvert que la famille du rabbin s'était établie en Espagne pendant l'Inquisition. La famille de ma mère était grande, une partie vivait en Angleterre, tandis que d'autres vivaient en Hollande ou encore en Afrique du Sud, où elle était née.

Malgré tout cela, la religion avait sa place dans le camp. Il était intéressant de comprendre qu'il y avait deux voies que les croyants pouvaient emprunter : ils devenaient soit des juifs fervents, dévoués dans leur pratique, soit ils discréditaient l'idée même de Dieu et cessaient de croire en l'existence d'une force supérieure.

Il était assez commun, après avoir vécu dans un camp de concentration, que certaines personnes commencent à nier l'existence de Dieu. Confrontés à toute cette souffrance, à tout ce qui était arrivé aux juifs et aux autres minorités inférieures aux Allemands, beaucoup se posaient la question suivante : mais où est Dieu ? Pourquoi a-t-il permis que cela se produise ? Comment garder la foi après avoir connu tout cela ? Ces questions semblaient légitimes pour tous ceux qui souffraient.

Confrontés à toute cette souffrance, à tout ce qui était arrivé aux juifs et aux autres minorités inférieures aux Allemands, beaucoup se posaient la question suivante : mais où est Dieu ? Pourquoi a-t-il permis que cela se produise ?

Même si les juifs étaient les principales victimes de la haine nazie et du système de destruction qu'ils avaient mis en place, nous n'étions pas les seuls à souffrir. À l'époque, d'autres "ennemis de l'État" étaient également persécutés et envoyés dans les camps. Hitler disait que la guerre était le moment idéal pour exterminer "les malades incurables". Les nazis se sont servis au maximum de la Seconde Guerre mondiale pour déployer l'idée d'une "race supérieure", une idéologie remplie de toutes sortes de préjugés.

En plus des communistes - les ennemis politiques d'Hitler - les tziganes étaient aussi considérés comme une race inférieure. De la même manière que les juifs se confrontaient au racisme, les tziganes étaient cibles de préjugés avant même que la guerre ne débute. Les Témoins de Jéhovah, groupe prêchant les principes du Christ de porte en porte, croyaient en la neutralité politique, et de fait, ils désapprouvaient le service militaire - ce qui ne plut pas à Hitler.

Les homosexuels étaient également envoyés dans les camps de concentration parce qu'ils étaient "anormaux". En juin 1935, l'État nazi déclara que la simple amitié entre deux hommes homosexuels était considérée comme un crime. Le fait que toutes ces atrocités reposaient sur des lois qui avaient été érigées et suivies à la lettre était très ironique. De quel genre de lois s'agissait-il ?

Les personnes souffrant d'un handicap physique ou mental faisaient aussi partie du groupe des "malades incurables" qui, selon la doctrine nazie, devaient être éliminés. C'est pourquoi bon nombre d'individus porteurs d'un handicap étaient considérés comme des poids pour la société, et étaient ainsi exécutés par les nazis avec l'aide de médecins allemands. Il est terrifiant de constater qu'Hitler avait reçu autant de soutien dans la mise en action de son plan diabolique.

L'État nazi prit le pouvoir avec une posture et des discours radicaux dès le début. Aucun doute ne subsistait : il était au pouvoir afin de mettre un terme à la diversité et de contrôler les populations par le biais d'une idéologie dangereuse. Ces actes de terreur que les nazis mettaient en œuvre avaient été largement acceptés et soutenus par la grande majorité de la population allemande, au nom de la croissance économique. Ma vie à Bergen-Belsen et l'anéantissement des juifs par les Allemands au cours de la Seconde Guerre mondiale étaient des conséquences de cette idéologie meurtrière. Était-ce réellement nécessaire que des millions de personnes aient souffert pour le bien et la supériorité de la race aryenne ? Bien que cela semble absurde, nombreux étaient ceux qui avaient cru en cette idée.

L'idée de l'existence de Dieu était fortement interrogée à l'intérieur des camps de concentration. Même si de nombreux juifs tenus captifs commençaient à douter de l'existence d'une puissance supérieure, beaucoup avaient conservé foi et dévotion envers leur religion. À Bergen-Belsen, certains hommes tentaient de continuer de prier et de suivre le calendrier juif. Cela devint de plus en plus difficile à mesure que l'on perdait la notion du temps.

Puisqu'il n'y avait pas de calendrier, nous ignorions tout du jour, de la semaine ou même du mois dans lequel nous étions. Même en connaissant parfaitement nos dates de naissance, il était impossible de fêter nos anniversaires. Comment pouvait-on souhaiter son anniversaire à quelqu'un, en sachant qu'il y avait plus de chances qu'il meure que de chances qu'il ne vive ? Les gens mouraient, et nous n'avions même pas le temps de pleurer leur départ ; il nous fallait avancer et essayer de survivre, un jour de plus.

Comment pouvait-on souhaiter son anniversaire à quelqu'un, en sachant qu'il y avait plus de chances qu'il meure que de chances qu'il ne vive ? Les gens mouraient, et nous n'avions même pas le temps de pleurer leur départ ; il nous fallait avancer et essayer de survivre, un jour de plus.

Petit à petit, les nazis nous dépouillèrent de tous les éléments constitutifs d'une vie ordinaire : enseignement, argent, le droit d'avoir un chez-soi, le droit d'être libre. Dans les camps, ils voulaient aussi nous ôter notre humanité. La vie dans tous les camps de concentration était tellement navrante que certains commençaient à perdre leur caractère humain, à se déshumaniser. Le but était de réduire les détenus à néant. Nous étions traités comme des animaux, et non pas comme des êtres humains. Ils souhaitaient nous affaiblir en nous privant de nourriture ; ils souhaitaient nous ôter notre volonté de vivre en nous faisant subir toute cette horreur ; ils souhaitaient nous dépouiller de notre dignité en nous laissant dans notre crasse - et à chaque minute qui passait, Bergen-Belsen devenait plus immonde encore.

Ils ont également essayé d'effacer la notion de famille. Même si les membres d'une famille étaient ensemble, rien de garantissait qu'ils s'en sortiraient tous. Ils souhaitaient instiller de l'égoïsme entre les détenus, pour nous rendre individualistes et nous détacher de tout ce qui nous entourait.

En somme, ce que les nazis voulaient, c'était de nous déprendre de notre humanité et nous empêcher de sentir que nous avions de la valeur. Puisqu'ils voyaient les détenus de camps de concentration comme inférieurs, ils voulaient faire en sorte que nous nous sentions comme tels. Après tout, comment pouvaient-ils se divertir si nous ne nous sentions pas misérables tels que, eux, nous percevaient ? Comment prendraient-ils du plaisir à faire cela si nous ne nous considérions pas, nous-mêmes, comme inférieurs ? Jour après jour, tandis qu'ils nous faisaient subir des actes inhumains - qu'il s'agisse d'humiliations physiques ou verbales - ils souhaitaient que les détenus dépérissent jusqu'à ce qu'ils n'aient plus aucune force pour survivre. Voilà comment ils atteindraient leur but final : exterminer chacun d'entre nous.

Mais, malgré l'adversité, nous avons résisté et avons réussi à survivre. Ce n'était pas facile, ni pour moi ni pour ma famille, de trouver la force de nous accrocher - je ne sais toujours pas d'où provenait cette force. Malgré tout, nous étions toujours en vie.

C'est ainsi que nous avons passé nos premiers mois dans le camp. Ils nous réduirent à néant, et nous privèrent de tout ce que nous avions accompli dans nos vies jusqu'ici. Nous ne le savions pas à l'époque, mais la situation allait empirer. À partir de ce moment, nous allions traverser une période encore plus sombre. Que pouvait-il y avoir de pire que le manque de nourriture et de respect ? S'il m'était impossible, à l'époque, de répondre à cette question, j'allais rapidement en tirer une leçon : Bergen-Belsen était sur le point de nous révéler toute l'étendue de sa monstruosité.

5

DE DOULOUREUSES PERTES

Bergen-Belsen ne possédait que trop peu de moyens pour permettre la survie des détenus. Tandis que les nazis avaient accès à de la bonne nourriture, à des vêtements chauds, et vivaient dans le confort de leurs maisons, les détenus devaient faire avec ce qu'ils avaient. La situation allait empirer dès la fin de l'année 1944, avec le déploiement de la guerre et la mise en œuvre de nouvelles stratégies par les nazis et les SS.

Les gens s'affaiblissaient de jour en jour. Cela faisait plusieurs mois que nous vivions dans le camp, subissant une vie recluse, angoissés de ne rien savoir sur le temps qu'il nous faudrait encore passer dans ce monde, dans cette situation irréelle. Nous maigrissions à vue d'œil et montrions des signes de dénutrition, ce qui eut pour effet d'affecter nos capacités intellectuelles, d'affaiblir notre système immunitaire et de nous exposer à des risques.

Les hivers étaient invivables au nord de l'Allemagne, et avec la fin de l'année 1944 arrivait la saison froide. Nous n'avions aucune nouvelle du monde extérieur, mais la Seconde Guerre mondiale touchait à sa fin. Les troupes Alliées se répandaient sur le territoire que le Troisième Reich avait envahi. Une partie de l'armée soviétique se déplaçait rapidement à travers l'Europe de l'Est, et l'inquiétude grandissait chez les Allemands face aux découvertes faites par l'Union soviétiques des crimes et des atrocités qu'ils avaient commises dans les camps de concentration - une inquiétude qui était liée à la présence de prisonniers soviétiques dans ces camps. Les troupes américaines et britanniques, elles aussi, se frayaient un chemin vers le territoire allemand.

Il s'agissait là d'une des années les plus cruelles et les plus intenses de l'Holocauste. Près de deux millions de juifs étaient déjà morts. Tout au long de ces années de guerre, les populations juives ont été décimées dans des camps de concentration et d'extermination, exécutées sommairement, abattues dans les ghettos, et victimes d'actes barbares de la part des nazis. Des familles entières ont disparu au cours de cette guerre qui nous semblait sans fin. Il est à la fois saisissant et triste de constater que certaines personnes continuent de nier que tout cela ait existé. Je suis une preuve vivante de toute cette violence, qui n'est pas le fruit de mon imagination.

Des familles entières ont disparu au cours de cette guerre qui nous semblait sans fin. Il est à la fois saisissant et triste de constater que certaines personnes continuent de nier que tout cela ait existé.

L'horreur était si réelle qu'au fur et à mesure que les troupes avançaient, les Allemands commençaient à craindre les représailles. Après tout, si les forces Alliées avaient gagné la guerre, ils n'allaient pas laisser les Allemands s'en tirer ainsi - surtout après avoir détruit et occupé le continent européen, tandis qu'Hitler exprimait son délire mégalomane de devenir "Empereur" d'Europe. Cela n'était pas à l'avantage de l'Allemagne. Après la Première Guerre mondiale, l'Allemagne avait été reconnue responsable et fût forcée de signer le Traité de Versailles, qui imposa le paiement de réparations que les Allemands voyaient comme néfastes pour leur pays, comme la redéfinition de certaines de ses frontières, la limitation de son armée, et l'interdiction d'exploiter les ressources économiques de certaines régions allemandes.

À la fin du mois de novembre - peut-être anticipaient-ils déjà leur défaite - Himmler délivra l'ordre de détruire les crématoriums présents dans les camps de concentration. Afin de maquiller toute trace de mort à Auschwitz-Birkenau, les Allemands commencèrent à faire évacuer les détenus dès 1944 et firent imploser des chambres à gaz, comme ce fut le cas à Sobibór. Mais puisque les Allemands ne désiraient pas libérer leurs détenus, ils en envoyèrent en Allemagne, à Bergen-Belsen.

C'est ainsi que débuta la Marche de la mort. Pour se déplacer d'un camp à l'autre, les détenus devaient accumuler les kilomètres sous la menace constante des nazis. Ils décidaient des moments où nous étions autorisés à nous reposer - les personnes qui n'étaient plus capables d'avancer étaient tuées sur le champ. Certaines personnes étaient à nouveau entassées dans les wagons à bestiaux. Nombreux sont ceux qui ont péri au cours de ces marches, trop difficiles à surmonter quand plus aucune force ne vous anime.

Anne Frank et sa sœur Margot sont, elles aussi, montées à bord d'un train pour Bergen-Belsen, à la fin du mois d'octobre 1944. Elles étaient déjà très faibles du fait des conditions de vie qu'elles avaient connues à Auschwitz, et ce voyage n'allait pas améliorer l'état de santé des deux sœurs. Elles avaient laissé leur mère, Edith, à Auschwitz et n'avaient plus de nouvelles de leur père, Otto. La guerre paraissait sans fin.

Quand les sœurs Frank arrivèrent à Bergen-Belsen, aux côtés d'autres détenus d'Auschwitz, certaines tentes furent changées en abris de fortune au camp de prisonniers - car nous manquions cruellement d'espace à l'époque. Elles avaient bravé la pire des tempêtes, qui détruisit le camp dans lequel elles vivaient en novembre 1944, et étaient restées trempées tout au long de la nuit glaciale. Elles n'ont été transférées vers un autre emplacement que le lendemain.

Nous ignorions le fait que ces événements aient eu lieu, mais allions très vite en faire l'expérience personnellement. L'inquiétude montait en nous, face à toute l'incertitude qui définissait notre vie ici - pouvait-on d'ailleurs appeler cela "une vie" ? Ma mère gardait espoir, malgré tout. Elle était optimiste quant à nos chances d'échapper à cette situation.

Mon père ne l'était pas autant : il était plus déprimé de jour en jour. Nous n'avions pratiquement plus de nourriture. Nous étions affamés.

Il y avait des jours où l'on ne mangeait pas du tout. Pourtant, mon père continuait d'échanger le peu de nourriture qu'il trouvait contre des cigarettes - un échange qui ne pouvait rien amener de bon.

La vie semble parfois nous jouer des tours juste pour le plaisir de voir jusqu'où nous pouvons repousser nos limites. Une fille de mon âge ne s'attend pas à perdre son père, son refuge. Le cycle de la vie veut que l'enfant perde son père au moment où celui-ci est âgé, quand tout le monde est mieux préparé - si tenté que l'on soit jamais capable d'être préparé à cela. Une fois de plus, la vie me ferait perdre un être cher, une perte que je devrai surmonter pour survivre.

Un jour, à la fin novembre 1944, mon frère vint nous voir ma mère et moi. Il accourut vers nous, très crispé et bouleversé, et nous dit : "Papa est mort".

Un jour, à la fin novembre 1944, mon frère vint nous voir ma mère et moi. Il accourut vers nous, très crispé et bouleversé, et nous dit : "Papa est mort". La seule chose à laquelle je pouvais penser était que mon cher père nous avait quittés. Ce fut un choc terrible. Nous avons ressenti son départ au fond de notre cœur et de nos corps frêles. Du jour où mon petit-frère est décédé, j'ai compris que la vie était fragile et qu'elle pouvait se terminer à n'importe quel moment, sans que l'on s'y attende. Mais il est impossible de se faire à l'idée de la mort de quelqu'un que l'on aime. On ne peut pas se préparer à cela.

Mon père avait fait une crise cardiaque foudroyante, il aurait été impossible de le sauver. Et même s'il avait survécu, comment aurait-il pu continuer de vivre sans soins médicaux ? Sans aucun traitement ni soin adapté ? Les cigarettes, l'absence de nourriture, et surtout, la situation particulièrement humiliante pour un chef de famille qu'il avait vécue, son incapacité totale à en extraire sa femme et ses chers enfants, constituaient sa condamnation à mort.

Les cigarettes, l'absence de nourriture, et surtout, la situation particulièrement humiliante pour un chef de famille qu'il avait vécue, son incapacité totale à en extraire sa femme et ses chers enfants, constituaient sa condamnation à mort.

Je me souviens d'avoir regardé dans la direction de son baraquement, et de voir des hommes en sortir son corps sans vie. Cette image restera à jamais gravée dans mon esprit. Les Allemands nous rappelaient chaque jour que les juifs n'étaient pas des êtres humains à leurs yeux. Pour eux, nous n'étions rien d'autre que de vulgaires parasites.

Nous n'avions même pas eu le temps de faire le deuil de mon père, ce n'était pas important aux yeux des nazis, puisque ils voyaient dans notre mort la réalisation de leur objectif final. Il fallait, tout simplement, que l'on continue de survivre.

En plus de la douleur que cela nous procurait, perdre mon père signifiait aussi perdre les quelques privilèges auxquels nous avions droit. Nous étions sur la liste Palestine et avions été envoyés dans le Camp Étoile à Bergen-Belsen grâce à l'influence et à la position qu'il avait à la banque. Après sa mort, plus rien ne justifiait de tels "privilèges", donc tout allait devoir changer. Il est incroyable de voir comme la vie peut, en une fraction de seconde, changer du tout au tout. Mais à ce stade, notre vie pourrait-elle réellement empirer ? Jusqu'où l'horreur pourrait-elle nous conduire ? Le rapide tournant dramatique que les choses prirent apporta une réponse à nos questions.

C'est à ce moment là, au début du mois de décembre 1944, que Bergen-Belsen accueillit

l'une des pires personnes à jamais avoir mis les pieds dans le camp : Josef Kramer, plus connu chez les détenus sous le nom de "Bête de Belsen". Kramer avait rejoint le parti nazi en 1931, puis était devenu un SS. Il avait travaillé dans différents camps de concentration, tels que Dachau, et avait été aux commandes des chambres à gaz à Auschwitz-Birkenau, avant d'arriver à Bergen-Belsen.

Kramer avait alors pris la place de l'ancien chef de camp, Adolf Haas, qui avait quitté son poste de commandant pour rejoindre l'armée allemande. Les batailles sévissaient de jour en jour, ce qui amena Haas à aller au front, où il perdit la vie peu de temps avant la fin de la guerre.

Kramer était connu pour sa cruauté et sa froideur. Il disait souvent que "plus il y aurait de morts parmi les juifs, plus cela le divertirait".

Kramer était connu pour sa cruauté et sa froideur. Il disait souvent que "plus il y aurait de morts parmi les juifs, plus cela le divertirait". Quand on lui demanda s'il avait eu des remords en regardant ses victimes mourir dans les chambres à gaz, dont il avait le contrôle à l'époque, il répondit qu'il n'avait rien ressenti du tout. Après tout, il ne faisait que suivre les ordres. Il manquait cruellement d'humanité. Les détenus avaient peur de s'approcher de Kramer parce qu'ils craignaient pour leur vie.

Une autre personnalité SS célèbre qui quitta Auschwitz pour Bergen-Belsen était une femme : Irma Grese. Tout comme ses homologues masculins, les femmes nazies étaient connues pour être cruelles et froides. Irma était réputée pour ces "qualités" et devint célèbre à cause des abus physiques dans lesquels elle plongea les détenues sans une once de compassion. Je ne le savais pas, mais on disait à l'époque qu'Irma détenait une lampe de chevet dans sa chambre faite de la peau de tous les juifs qu'elle avait tués (le journal britannique "The Guardian" avait également partagé cette rumeur). Il n'existe aucun mot dans le dictionnaire pour qualifier un tel niveau de sadisme. Néanmoins, ces mêmes personnes devinrent de nouveaux membres du "personnel" de Bergen-Belsen.

Malheureusement, nous pourrions écrire des livres entiers sur ces événements et ces personnes. Josef Kramer et Irma Grese n'étaient pas des cas isolés : ils faisaient partie d'un groupe que l'on avait endoctriné, pour qu'ils tuent de la manière la plus violente qui soit.

En effet, Bergen-Belsen était un enfer sur terre. Mon père n'était plus parmi nous, et ne le serait plus jamais. Pour survivre, il fallait que nous restions une famille unie - mais les Allemands en avaient décidé autrement. Nous n'étions pas autorisés à nous soutenir les uns les autres après une telle perte, et n'avions d'ailleurs même plus le droit de rester tous ensemble, comme nous l'avions fait jusque-là.

Nous avions réussi à passer quelques jours réunis, au moment où la situation semblait stable, jusqu'à ce que des nouveaux changements surgissent dans nos vies. En décembre 1944, mon frère Bernard fut jeté dans un train et envoyé vers un autre camp. Ma mère et moi étions désespérées. Avoir mon frère avec nous était la seule manière que nous avions de savoir qu'il était en sécurité. Mais nos pleurs et notre désespoir ne suffirent pas pour changer les plans des nazis. Bernard nous avait été retiré, et avait été envoyé au camp de concentration d'Oranienburg, qui se trouvait aussi en Allemagne, non loin de Bergen-Belsen. Impossible d'obtenir de ses nouvelles depuis cet endroit, mais le garder auprès de nous n'était pas une alternative envisageable. De nombreux hommes avaient été transférés vers ce camp au cours de cette partie d'échecs que la Seconde Guerre mondiale était devenue.

Ma mère était extrêmement inquiète et désespérée quand elle apprit la nouvelle. Les deux hommes de sa vie lui avaient été violemment retirés en une nuit. Le lendemain, de nouvelles annonces allaient me prendre de court : ma mère allait être transférée vers Magdebourg, en Allemagne. Elle fut emmenée quelque part où elle dû travailler jusqu'à épuisement, dans une usine fabriquant des pièces d'avion. Les conditions y étaient horribles, et son lieu de travail était situé à près de 700 mètres sous terre.

En temps de guerre, avoir des réserves était essentiel. À l'époque, les Allemands imposaient aux détenus des travaux forcés afin de remplir leurs objectifs de guerre. Les détenus avaient deux options : soit ils étaient tués par les nazis, soit ils travaillaient pour le restant de leurs jours afin de satisfaire leurs besoins au cours de la guerre. Et, si leur travail n'était pas de bonne qualité, les Allemands les éliminaient, considérant qu'ils ne leur serviraient à rien.

Je me sentais mortifiée, et complètement désemparée. C'était le moment le plus difficile de toute ma vie. J'ignorais ce qui était arrivé à ma mère et à mon frère ; à l'époque, je ne savais même pas où ils avaient été envoyés. J'étais toute seule, sans savoir quel serait mon propre sort. Allaient-ils m'envoyer autre part, moi aussi ? Je me demandais si j'allais jamais revoir ma famille, si nous serions capables un jour d'avoir une vie en dehors de Bergen-Belsen, loin de ce cauchemar.

Je n'avais pas le temps de m'apitoyer sur mon sort. Le 5 décembre 1944, je me retrouvai seule à Bergen-Belsen, sans ma famille, sans savoir combien de temps je pourrais encore survivre - et eux non plus, d'ailleurs. La seule chose dont j'étais sûre à l'époque, c'est que mon père était mort et que j'allais devoir continuer d'avancer, quoi qu'il m'en coûte.

N'ayant plus de raison de rester au Camp Étoile, je fus transférée au Petit Camp de Femmes. Je ne figurais désormais plus sur la liste Palestine, et ne pouvais plus espérer être envoyée dans un meilleur endroit. Ma situation n'a fait qu'empirer, puisqu'en dehors du Camp Étoile, les détenus n'étaient pas considérés comme échangeables - nous vivions donc dans des conditions d'autant plus précaires.

Après mon transfert d'un sous-camp à l'autre dans Bergen-Belsen, d'autres membres de ma famille succombèrent aux conditions de vie épouvantables qui régnaient ici : le cousin de mon père était mort, laissant seules ses deux toutes jeunes filles. Si je l'avais su à l'époque, et si j'avais été suffisamment proche d'elles, j'aurais pris soin de ces petites filles. Mais la vie en décida autrement. Je n'en pris connaissance qu'une fois la guerre terminée, une fois toutes réunies. Mais elles n'étaient pas restées seules tout ce temps : la famille Birnbaum, qui s'occupait des orphelins du Camp Étoile, les avait prises sous son aile.

Même si la plus jeune de mes cousines était très petite à

l'époque - elle n'avait qu'un an - le souvenir de ce qu'elle avait vécu à Bergen-Belsen resta ancré en elle tout au long de sa vie comme une blessure jamais résorbée. Nous nous étions demandé si, au vu de son jeune âge, elle était en capacité d'associer les événements ou bien d'exprimer un quelconque ressenti vis-à-vis de ce qui était arrivé autour d'elle. En grandissant, elle fut prise d'évanouissements à répétition et de troubles psychologiques à cause de ce qu'elle avait vécu. Il n'existait aucune échappatoire face à ses traumatismes et à ses blessures, personne ne pourrait jamais s'en défaire.

Je me rappelle que le camp dans lequel j'avais été transférée était bondé. Beaucoup trop de femmes y étaient présentes, un flux quotidien, sans interruption, les amoncelait et les entassait dans la baraque que l'on m'avait attribuée. Comment pourrait-on survivre, sans conditions de vie décentes, si chaque jour de nouvelles personnes venaient s'ajouter au grand nombre de détenues déjà présentes ?

Le fréquence des transferts entre les camps s'intensifiait. La population à Bergen-Belsen augmentait de jour en jour. Au milieu de l'année 1944, on dénombrait près de sept-mille détenus. En décembre, ce nombre avait doublé : nous étions quinze-mille détenus livrés à nous-mêmes, essayant de survivre avec le peu que nous avions. Tandis que le nombre de détenus grandissait, nos ressources en eau et en denrées de première nécessité diminuaient. Et ce n'est pas parce que nous devenions de plus en plus nombreux que les nazis mettraient quoi que ce soit en œuvre pour nous fournir plus de nourriture...

Les moments décisifs de la guerre allaient advenir, et les Alliés redoublaient d'effort pour parfaire leur organisation et vaincre les forces de l'Axe. Mais, pour nous, cela n'était porteur ni de soulagement ni d'espoir : la tension atteignait un point culminant sur les champs de bataille, et l'arrivée journalière de nouveaux détenus dans les camps de concentration favorisait un peu plus chaque jour la dégradation de nos conditions de vie.

Chaque nouveau jour à Bergen-Belsen était un jour supplémentaire avant de mourir, un jour supplémentaire pour nous battre pour notre survie. Être en vie relevait déjà du miracle pour moi, après tout ce que j'avais traversé. Néanmoins, il me faudrait me battre encore longtemps avant de pouvoir quitter cet endroit. C'est au moment où je me suis retrouvée toute seule que j'ai vécu le pire et qu'il m'a fallu redoubler de courage pour regarder la mort dans les yeux. J'étais arrivée si loin. Je n'abandonnerai pas après un si long chemin. L'année 1945 serait décisive, et pour ma vie et pour la guerre elle-même.

Être en vie relevait déjà du miracle pour moi, après tout ce que j'avais traversé. Néanmoins, il me faudrait me battre encore longtemps avant de pouvoir quitter cet endroit. C'est au moment où je me suis retrouvée toute seule que j'ai vécu le pire, et qu'il m'a fallu redoubler de courage pour regarder la mort dans les yeux.

6

RÉUNIES AVEC ANNE FRANK

En janvier 1945, la situation à Bergen-Belsen devint réellement accablante. Je me demandais constamment si je m'en sortirais vivante. Si, jusqu'à présent, il avait été difficile de vivre ici, cela devint rapidement impossible car, bien que l'on n'eût plus de place pour accueillir qui que ce soit, de nouveaux détenus arrivaient chaque jour en provenance d'autres camps de concentration nazis. Les mêmes routines d'appel, les abus, le travail forcé... poursuivaient leur cours. Cela nous procurait un sentiment d'angoisse infinie.

Le fait de me retrouver seule ici a modifié ma perception de la survie. Je ne pouvais plus compter sur la protection que mes parents et mon frère me fournissaient. Même s'ils étaient tout aussi faibles que je ne l'étais, les avoir près de moi me rassurait. Malgré tout cela, l'amour que j'avais pour eux était ce qui me portait à travers cette épreuve. À partir de maintenant, je devais prendre soin de moi toute seule, ce qui vint accroître ma peur de tomber malade ou de perdre connaissance. Qui me viendrait en aide si je me retrouvais dans une telle situation ?

Les conditions d'hygiène étaient déplorables et, si nous étions déjà en pénurie de nourriture en étant un effectif normal, la situation dégénéra avec la surpopulation. Nous étions tous bien trop faibles, dépourvus de toute force pour supporter de telles conditions de vie. C'est pour cela que de nombreuses personnes périssaient. Les maladies, elles aussi, étaient devenues membres à part entière du camp.

Chaque jour, près de cinq-cents personnes mouraient. Cette moyenne rendait Kramer très heureux et très fier de son équipe. Je commençais à vivre parmi les morts, ce qui me donnait l'impression d'être plus proche de la mort que de la vie. Il y avait des cadavres partout, et personne n'entreprenait quoi que ce soit pour les sortir du camp. Celles et ceux qui, parmi nous, respiraient encore n'étaient pas capables de beaucoup plus que ne l'étaient ces cadavres.

Les crématoriums ne pouvaient plus supporter l'afflux de cadavres envoyés pour y être brûlés. Certains détenus se servaient de brouettes pour déplacer les corps et les jeter dans une fosse commune. Mais l'efficacité de cette tâche était compromise, à cause du trop grand nombre de cadavres qui nous entourait. Vivre au milieu d'autant de corps représentait un véritable enfer sur terre et, désespérée, je commençais à me demander : "Mon Dieu, serai-je moi aussi sur cette pile un jour ? Serai-je la prochaine à mourir ? Mon corps sera-t-il laissé comme ça, au sol, comme si je n'étais rien ? Comme si je n'avais pas de nom ?". L'odeur qui s'en dégageait était épouvantable - l'odeur immonde de la mort et de la maladie.

Vivre au milieu d'autant de corps représentait un véritable enfer sur terre et, désespérée, je commençais à me demander : "Mon Dieu, serai-je moi aussi sur cette pile un jour ? Serai-je la prochaine à mourir ? Mon corps sera-t-il laissé comme ça, au sol, comme si je n'étais rien ? Comme si je n'avais pas de nom ?". L'odeur qui s'en dégageait était épouvantable - l'odeur immonde de la mort et de la maladie.

Les détenus mouraient jour et nuit. Il nous arrivait d'entendre le bruit que la mort émettait - on percevait ce bruit effrayant, pareil à un ronflement, et l'on savait que quelqu'un était mort. C'était leur dernière respiration avant de mourir.

J'ai traversé cette situation affligeante en essayant, chaque jour, de survivre un jour de plus, puis un autre, en attendant, qui sait, qu'un miracle advienne et nous aide à nous réveiller de ce cauchemar. Jusqu'à présent, rien ne laissait présager que cet espoir se concrétise. Nous n'étions pas une priorité aux yeux de ceux qui se battaient pour mettre fin à cette guerre. Bergen-Belsen était le scénario chaotique d'un monde en guerre.

Le 27 janvier 1945, l'armée rouge soviétique prit le contrôle du camp d'Auschwitz-Birkenau, en dépit de la résistance menée par les soldats Allemands. Après avoir été déportés par millions vers ce lieu inhumain, où certains périrent exterminés dans les chambres à gaz, ce sont quelque huit mille détenus que les soviétiques retrouvèrent, vivants dans des conditions déplorables. Et, cela était valable pour tous les camps nazis.

Edith Frank mourut un peu plus tôt en ce mois de janvier, après que ses filles lui eurent été retirées et envoyées vers Bergen-Belsen. Anne et Margot ne savaient pas que leur mère était morte, et gardaient en elles l'espoir de la retrouver en vie. Otto, quant à lui, survécut et fut libéré d'Auschwitz. Si Anne et Margot étaient restées à Auschwitz, et si elles avaient pu assister à la prise de pouvoir des soviétiques, auraient-elles survécu ? Cela est impossible à dire, mais tels sont les faits : pendant la guerre, un nouveau jour n'est pas porteur d'espoir, c'est un jour de plus à attendre la mort.

Si Anne et Margot étaient restées à Auschwitz, et si elles avaient pu assister à la prise de pouvoir des soviétiques, auraient-elles survécu ?

C'est à ce moment-là que j'ai retrouvé mes amies du lycée juif. J'étais toute seule dans le camp, alors le fait de retrouver des personnes que je connaissais me remplit d'une émotion encore inoubliable à ce jour, car l'amour et l'amitié représentaient nos deux seuls espoirs au milieu de ce chaos.

Un jour où je me promenais en dehors du périmètre du baraquement, je décidai de me rapprocher d'une clôture de barbelés qui m'empêchait d'accéder à d'autres aires du camp. De l'autre côté de la clôture, j'aperçus un visage qui me sembla familier : c'était Anne Frank !

Anne était aussi maigre que moi. J'avais toujours mes cheveux, mais les siens avaient été rasés. Je n'ai fait que l'apercevoir ce jour-là, car nous étions dans deux camps différents. Je n'avais pas pu m'approcher plus. Mais c'était assez pour me motiver à la revoir et à aller lui parler. Nous avions certainement beaucoup de choses à nous raconter.

J'étais inquiète à l'idée de la retrouver. Je ressentais une certaine frustration à l'idée de revoir ce visage connu, qui pourrait m'apporter du réconfort dans de telles circonstances, mais d'en être séparée physiquement par une clôture. Je voulais régler cette situation, je voulais pouvoir toucher Anne. Mais il aurait été suicidaire d'essayer de traverser la clôture, cela n'était pas possible.

D'une manière ou d'une autre, le destin facilita nos retrouvailles. Les dernières affres de la guerre avaient semé une certaine confusion parmi les Allemands. Ils travaillaient dur pour empêcher la venue de la libération, et en même temps, ils devaient assurer leurs arrières, dans la mesure où ils perpétraient ces assassinats dans les camps. À Auschwitz, avant que les soviétiques n'arrivent, ils firent en sorte de se débarrasser de toute trace d'archives sur ce qu'il s'était produit dans le camp.

Une autre chose qu'ils avaient tenté d'effacer à Auschwitz, au-delà des chambres à gaz, étaient les expériences macabres qui y avaient été menées - des expériences médicales inhumaines qui, dans la plupart des cas, conduisaient à la mort des "patients". Josef Mengele, appelé "Ange de la mort" par les détenus, menait ses expériences afin d'approfondir ses connaissances sur les questions raciales et idéologiques qui constituaient la doctrine du parti nazi. Il fut, entre autres, à l'origine de l'injection d'encre dans les yeux de détenus pour voir si la couleur changeait. Il réalisa des expériences horribles sur les jumeaux, afin de comprendre le fonctionnement de la génétique chez les êtres humains. À Auschwitz, certains détenus étaient également stérilisés dans le cadre de recherches pour l'avènement d'une méthode de masse et peu onéreuse de stérilisation des juifs, des tziganes et d'autres détenus dans lesquels le régime voyait des ennemis. Il s'agissait là d'une autre manière de se débarrasser des "indésirables".

Une autre chose qu'ils avaient tenté d'effacer à Auschwitz, au-delà des chambres à gaz, étaient les expériences macabres qui y avaient été menées - des expériences médicales inhumaines qui, dans la plupart des cas, conduisaient à la mort des "patients".

Fritz Klein était médecin à Auschwitz et, tout comme Josef Mengele, prit part à ce processus de sélection - ce qui signifie qu'il décidait, lui aussi, du sort des détenus. Il était arrivé à Bergen-Belsen en janvier 1945, accompagné d'autres SS à la mentalité tout aussi violente.

À Bergen-Belsen, ils firent également en sorte de se débarrasser de dossiers contenant des informations sur les détenus ainsi que des rapports attestant la kyrielle d'actes cruels qui avait eu lieu ici. De plus, ces derniers contenaient des données permettant l'identification des SS qui avaient travaillé dans le camp, ce qui aurait pu s'avérer problématique pour eux si l'Allemagne était vaincue à l'issue de la guerre. La responsabilité, de tout ce qu'il s'était passé jusqu'alors, leur reviendrait.

Au milieu de tout cela, je réalisai soudainement que la clôture avait été démantelée. Je n'en cru pas mes yeux ! Cela s'était produit sans crier gare, sans raison apparente. C'était peut-être le signe que quelque chose d'important était en marche et s'apprêtait à faire prendre à la guerre un nouveau tournant, mais tout ce à quoi je pensais était que j'allais enfin pouvoir retrouver Anne et lui parler.

Je traversai cette zone de part en part qui, jusqu'alors, m'était interdite. Sans que cela en ait l'air à première vue, pénétrer dans cet espace me procura un certain sentiment de liberté. J'allais plus loin qu'à l'accoutumée, capable d'explorer un territoire inconnu, et surtout, j'étais déterminée à atteindre mon but !

Je marchais dans le camp à la recherche d'Anne. Au fond de moi, j'espérais vraiment la retrouver - tout en pensant, malgré tout, qu'il y avait une grande probabilité qu'elle soit déjà morte, vu qu'il était si aisé de mourir dans un tel endroit. Mais j'avais décidé de garder espoir.

De la même manière que le destin peut nous mettre face à des situations extrêmement différentes, il peut également nous faire cadeau de beaux présages. Oui, j'étais dans un camp de concentration, affaiblie, mais voir Anne était une joie incommensurable. C'est ainsi que le destin m'amena vers elle. Je ne pouvais pas le croire : je l'avais retrouvée, et elle était vivante !

C'est ainsi que le destin m'amena vers elle. Je ne pouvais pas le croire : je l'avais retrouvée, et elle était vivante !

Je ne pouvais contenir ni mon inquiétude ni ma joie. J'ai crié : "Anne !". Elle entendit son nom, se demandant peut-être d'où provenait ce son familier. Elle se tourna vers moi et me regarda avec ces yeux et ce sourire que j'avais si souvent vus au lycée juif. Quel grand moment ! Elle était enveloppée dans une couverture, car elle ne supportait plus les lentes dont ses vêtements étaient infestés, et tremblait à cause du froid. Nous avons couru l'une vers l'autre, des larmes coulaient sur nos joues. Ces larmes traduisaient des sentiments mêlés : elles étaient des larmes de joie et de soulagement - nous nous étions retrouvées, dans un lieu que tout forme de vie semblait avoir déserté - mais aussi des larmes de tristesse, car nous étions toutes les deux dans un état déplorable, sans nos parents ni personne pour nous protéger.

Le fait que nous ayons réussi à nous reconnaître est toujours resté pour moi un mystère : deux squelettes, au milieu de ce camp qui en comptait tant d'autres, avec des traits similaires aux nôtres. Mais ces yeux familiers reconnurent le passé qu'ils avaient en commun. Cela ne faisait aucun doute : nous étions là, ensemble. Nous sommes restées ainsi un moment, dans cette longue étreinte, probablement parce que nous avions plus que jamais besoin de chaleur humaine. Au-delà de la faim, de la tristesse et du désespoir, nous manifestions notre soif d'humanité.

Nous nous sommes relâchées, le temps de reprendre notre respiration pour pouvoir parler. Nous avions tant de choses à nous dire ! La première chose que je lui ai demandé était la suivante : "Mais Anne, n'étais-tu pas en Suisse ?". C'était étrange de lui poser une telle question étant donné qu'elle était là, en face de moi, mais puisque la famille Frank avait disparu et qu'Anne avait cessé d'aller à l'école, nous pensions tous qu'ils étaient partis jusqu'en Suisse. Il n'y avait personne pour nous le confirmer, mais c'est ce que nous croyions. La rumeur avait été ébruitée par des membres de la famille Frank elle-même, afin que tout le monde pense qu'il s'agissait de la vérité, y compris ceux qui étaient à leurs trousses.

Anne répondit à son tour : "Non, nous ne sommes pas partis pour la Suisse. Nous nous cachions". Elle commença à me parler de l'annexe secrète, de combien la vie avait été difficile la-bas également, puisqu'ils devaient vivre sans que personne ne suspecte leur présence et ainsi éviter la déportation. Otto Frank avait décidé de se retirer avec sa famille, parce que Margot avait été appelée pour effectuer des travaux forcés. Depuis lors, ils étaient considérés comme fugitifs et ne pouvaient indiquer à personne qu'ils étaient restés à Amsterdam.

Anne me parlait de son quotidien à l'annexe, du fait qu'ils n'étaient même pas autorisés à tirer la chasse la journée, et qu'ils devaient compter sur la gentillesse des employés et des amis de son père qui les avaient aidés à se cacher et qui leur apportaient de quoi se nourrir. Il ne fallait pas parler trop fort, ni trop se déplacer dans l'annexe quand les employés travaillaient. Malgré tout, Anne pouvait continuer d'étudier à distance tout en restant cachée.

Anne me raconta aussi qu'elle avait un carnet dans lequel elle avait écrit tout ce qu'il se passait à l'annexe. Elle écoutait la radio, qu'ils avaient gardée avec eux pour pouvoir écouter la BBC et recevoir les dernières nouvelles de la guerre. Ils avaient entendu un message officiel du cabinet du ministre hollandais Bolkestein, qui était en exil et demandait à ce que chacun mette soigneusement de côté ses écrits sur cette période. Selon lui, les journaux intimes seraient publiés après la guerre, pour que les générations futures puissent savoir ce qu'il s'est passé en Hollande à cette époque. Ces nouvelles ravirent Anne, qui rêvait déjà de voir son journal être publié et de devenir écrivaine, comme elle l'avait toujours voulu.

Anne me raconta aussi qu'elle avait un carnet dans lequel elle avait écrit tout ce qu'il se passait à l'annexe.

Nous sommes restées là, rêvant de la publication de son livre et d'une réalité dans laquelle elle deviendrait une écrivaine célèbre, connue pour avoir survécu à la guerre - nous rêvions d'une vie loin de cet endroit. Ce fut un moment magique au cours duquel, le temps d'un instant, nous avions été transportées depuis cette réalité oppressive que nous ne pouvions plus porter vers un futur plein de rêves. Au milieu de ce chaos, nous étions toujours capables de rêver.

Anne fut également la première personne qui me raconta ce qu'il s'était produit à Auschwitz, et plus particulièrement, les horreurs qu'elle y avait vues. Avant notre conversation, je n'aurais pas pu imaginer une seule seconde ce qu'elle allait me révéler. Elle me parla des wagons à bestiaux et des sélections opérées à l'arrivée par les Allemands pour déterminer quels seraient les détenus envoyés vers la chambre à gaz et ceux qui travailleraient comme des esclaves dans le camp. Elle me parla aussi de son trajet en train vers Bergen-Belsen. Les deux jeunes rêveuses que nous avions été se changèrent en deux jeunes filles effrayées par la réalité qu'elles avaient devant leurs yeux.

Margot était là, elle aussi. Elles étaient toutes les deux très inquiètes de l'état de santé de leur mère, malade, qui était encore vivante après avoir quitté Auschwitz. Elles espéraient la revoir bientôt. Elles s'inquiétaient également pour leur père, puisque depuis leur arrivée à Auschwitz, elles n'avaient pas eu de nouvelles de lui et ignoraient s'il était vivant ou mort. Tel était le sort impardonnable réservé à ceux qui ne survécurent pas à la guerre.

J'ai pu rencontrer Anne et Margot encore quelques fois. Nous parlions toujours de ce que nous étions en train de traverser. J'avais notamment annoncé à Anne que ma famille n'était plus avec moi. Mais malheureusement, il ne fallut pas longtemps pour que nous arrêtions de nous voir. Le destin ne nous autorisa pas plus longtemps à nous réconforter l'une et l'autre. Et je me retrouvai toute seule dans cet endroit, encore.

J'ai pu rencontrer Anne et Margot encore quelques fois. Nous parlions toujours de ce que nous étions en train de traverser.

Vint un jour où je ne retrouvai plus Anne. J'avais entendu certaines femmes du camp dire qu'elle avait laché. Margot et elle moururent en mars, toutes les deux du typhus. Margot était tombée de son lit et mourut sur le coup - elle n'avait plus la force de tenir debout - et Anne s'éteignit quelques jours plus tard, elle aussi emportée par la maladie.

Certains se demandent si Anne aurait survécu si elle avait su que son père était toujours en vie. Mais comment quelqu'un, même s'il avait vaincu cette maladie dévastatrice, aurait-il pu continuer de vivre dans de telles conditions ? Peut-on vraiment dire qu'une personne qui meurt est une personne qui n'avait plus l'envie de vivre ? Ce n'était pas un choix de vie à Bergen-Belsen. La survie était une question de chance, peut-être même de miracle.

Peut-on vraiment dire qu'une personne qui meurt est une personne qui n'avait plus l'envie de vivre ? Ce n'était pas un choix de vie à Bergen-Belsen. La survie était une question de chance, peut-être même de miracle.

Le journal d'Anne Frank avait été conservé et publié, après que la famille Frank eut été trouvée à l'annexe et arrêtée, grâce à Miep Gies - l'une des personnes qui les avait aidés à rester sains et saufs - qui retrouva le journal parmi les affaires que la famille avait laissées avant de partir. Elle décida de le garder, avant de pouvoir le rendre à Otto. Jusqu'à ce jour, personne ne sait qui a dénoncé les Frank. C'était une fin bien triste pour eux, de même que ce fut le cas pour de nombreux juifs. Des familles entières furent ravagées par la guerre.

Lies Goossens, une autre de mes amies qui avait été envoyée elle aussi à Bergen-Belsen, avait été assignée au Camp Étoile, mais pas dans la même zone que moi. Nous ne nous en sommes rendu compte qu'une fois réunies après la guerre. Lies me dit : "Tu as été la seule qui ait eu la chance d'enlacer Anne. Moi, je n'ai même pas pu la voir. Je ne pouvais que lui parler derrière un mur et lui jeter de la nourriture". Oui, le fait d'avoir retrouvé Anne était quelque chose de très spécial et d'émouvant.

Lies me dit : "Tu as été la seule qui ait eu la chance d'enlacer Anne. Moi, je n'ai même pas pu la voir. Je ne pouvais que lui parler derrière un mur et lui jeter de la nourriture".

À l'époque, la pénurie de nourriture avait atteint un seuil insupportable, inhumain. Les nazis nous laissaient sans rien à boire ni à manger pendant des jours. Mais il n'ont, en revanche, jamais cessé de jouer avec nous : un jour, un chaudron rempli de moules apparu sans prévenir au milieu du camp. J'étais affamée, et ne pouvais plus continuer sans nourriture. Pourtant, je me suis tenue à distance du chaudron, parce que je savais combien les nazis étaient mauvais, et qu'ils avaient très bien pu empoisonner la nourriture. Même si je ne mangeais pas de fruits de mer parce que j'étais juive, je savais pertinemment que si les moules avaient tourné, elles ne me feraient aucun bien.

C'était difficile d'avoir ce chaudron plein de nourriture devant moi alors que je mourais de faim, sans pouvoir m'en approcher. Seuls ceux qui ont été privés de nourriture savent combien on peut se sentir faible, physiquement et psychologiquement, à cause de la faim. Je devais être forte et attendre un peu plus. J'étais arrivée si loin, je ne pouvais pas abandonner.

Tandis que la fin de la guerre se faisait plus proche, la mort sembla me mettre à l'épreuve quelques fois de plus. J'ai traversé des situations qui s'avèrent, aujourd'hui encore, inexplicables, mais je les ai supportées tant bien que mal. Le destin avait décidé que je resterai en vie. Parmi toutes ces expériences, deux d'entre elles furent particulièrement intenses et me conduisirent au bord du gouffre.

Tout le monde mourait dans ce scénario chaotique, mais les nazis poursuivirent leurs appels à n'en plus finir, même quand nous n'avions plus la force de rester debout. Je ne pouvais plus supporter ce cauchemar sans fin - ce cauchemar dont personne ne parvenait à se réveiller. Au cours d'un de ces comptages, "l'Honorable Commandant en Chef" Josef Kramer, m'intima de quitter le rang dans lequel j'étais. Mon cœur commença à s'emballer. Cet ordre pouvait signifier tout et son contraire. Allait-il me tuer immédiatement ? Allait-il sortir son arme et me tirer dessus ? À cet instant, il avait tout le loisir de me traiter de la manière la plus abjecte qui soit. À mon grand soulagement, ou plutôt, grâce à la chance inouïe que j'ai eue, il m'épargna et ne me fit aucune menace.

Mon cœur commença à s'emballer. Cet ordre pouvait signifier tout et son contraire. Allait-il me tuer immédiatement ? Allait-il sortir son arme et me tirer dessus ? À cet instant, il avait tout le loisir de me traiter de la manière la plus abjecte qui soit. À mon grand soulagement, ou plutôt, grâce à la chance inouïe que j'ai eue, il m'épargna et ne me fit aucune menace.

Mais ces quelques secondes me parurent une éternité. Je ne pouvais rien faire, et il était impossible de s'enfuir. Il s'agit-là du moment le plus vulnérable de toute ma vie : une victime attendant que son agresseur décide de son sort. J'avais eu le souffle coupé un instant, mais rien ne se produisit. Ce ne fut pas l'unique fois que je me retrouvai entre les mains de ces individus cruels. En fait, depuis le jour où nous avions été déportés, ma vie avait été à leur merci.

L'autre épisode au cours duquel j'avais frôlé la mort fut un événement bien plus effrayant. Les nazis ne savaient plus quoi faire de tout ce qu'il se passait au cours de la guerre. Ceux-là mêmes, qui avaient été si bien endoctrinés, étaient en train de perdre le contrôle de la situation. Les nazis pensaient au plus profond d'eux-mêmes qu'ils mèneraient l'Allemagne vers la victoire, et que la race aryenne triompherait, mais une défaite de guerre viendrait mettre un terme à leurs rêves. Après tout ce qu'il s'était passé, ils se rendirent compte que l'horizon de la victoire s'amenuisait chaque jour un peu plus.

Il y eut une fois, très proche de la fin, où je faisais la queue pour récupérer de quoi boire. J'attendais là tel un zombie, comme tous ceux qui se trouvaient autour, pour prendre un peu de l'eau qu'ils daignaient mettre à notre disposition, pour éviter que nous ne nous déshydrations. Soudain, je sentis une main lourde me tirer par le bras. Je pris peur, mais étais incapable de réagir. Cette main m'arracha de la file d'attente.

Soudain, je sentis une main lourde me tirer par le bras. Je pris peur, mais étais incapable de réagir. Cette main m'arracha de la file d'attente.

Mon coeur se serra quand je pris conscience de ce qui était en train de se passer. Un SS qui travaillait dans le camp avait son arme pointée vers moi. Jamais je n'aurai de mots assez forts pour décrire la peur et l'impuissance qui vous prennent quand une arme est pointée sur vous. Une arme qui peut mettre un terme à votre vie. Mais, malgré cela, j'étais incapable de réagir face à cela - tout cela ne me faisait plus rien. Cet homme pointait son arme vers moi, mais j'avais déjà tout perdu : ma maison, ma famille, mon identité. Ils m'avaient tout pris, donc le fait qu'ils souhaitent m'ôter la vie ne représentait plus une surprise.

J'ai certainement regardé cet homme cruel d'un air si indifférent, si vide, que cela lui rendit la tâche ennuyante. Il aurait voulu que je l'implore de m'épargner, que je sois paralysée de peur face à lui, pour que son moment d'apothéose soit de me tuer. Mais les choses prirent une autre tournure. Il en perdit ses moyens. Il ne savait pas ce qu'il devait faire face à une victime qui lui était indifférente, donc pour ne faire perdre aucune prestance à son spectacle, il tira dans le ciel. Au moins, cela lui évitait de gaspiller ses balles.

Ce n'est qu'une fois que tout fut terminé, je pense, que je pris la mesure de ce qui venait de se produire et du fait que je venais de frôler la mort de très près. C'était un véritable miracle que je m'en sois sortie vivante, et que mon indifférence m'ait sauvée. Je ne me souviens pas du moment où j'ai regagné la file. Je ne pouvais peut-être même plus bouger après cet événement.

Les nazis n'étaient pas la seule raison de notre peur. J'avais également peur d'attraper le typhus, une maladie tout aussi violente que ne l'étaient les SS. Tout autour de moi, je voyais des gens mourir à cause de ça. Je savais que si je contractais la maladie, j'en serais la prochaine victime. Après tout ce que j'avais traversé, je ne voulais pas rester ici toute seule, inconsciente, souffrante et extrêmement malade. Mais de toute façon, personne ne peut prédire quand et si cela allait arriver.

Les nazis n'étaient pas la seule raison de notre peur. J'avais également peur d'attraper le typhus, une maladie tout aussi violente que ne l'étaient les SS.

Le camp était infesté de personnes contaminées par différentes maladies. En plus du typhus, nous avions également des cas de tuberculose, de fièvre typhoïde, et de dysenterie - qui fit un nombre incalculable de victimes. Quelques mois après le début de l'année 1945, des milliers de détenus moururent à Bergen-Belsen. J'ignore comment j'ai réussi, malgré tout cela, à éviter de contracter aucune d'entre elles - du moins, c'est ce que je croyais à l'époque.

La guerre allait bientôt atteindre notre camp. En février 1945, les Alliés se réunirent lors de la conférence de Yalta afin de débattre sur la configuration politique de la guerre après la victoire sur les troupes de l'Axe - une victoire qui apparaissait de plus en plus certaine. Une grande partie de l'Allemagne était déjà occupée, et les Allemands commencèrent à montrer des signes de fatigue - ils ne semblaient plus en mesure de supporter de nouvelles semaines de guerre. Winston Churchill (Royaume-Uni), Franklin D. Roosevelt (États-Unis), et Joseph Staline (Union soviétique) assistèrent à la conférence. Les Alliés songeaient déjà à ordonner la "capitulation sans condition" de l'Allemagne, qui fut proclamée le 8 mai 1945, ainsi que la division des territoires allemands en zones d'occupation.

Certains territoires avaient déjà été libérés des Allemands, de même que certains camps de concentration, comme ce fut le cas pour Auschwitz en janvier. Berlin avait été bombardée et la ville présentait de nombreuses séquelles de sa destruction. L'Europe avait été dévastée à cause de la guerre.

Tandis que tout cela prenait place et que la défaite approchait, il était inconcevable pour certains SS de perdre du temps. Après tout, nous n'étions pas libres. Les ressources allouées aux détenus étaient très maigres ces derniers jours avant que quelque chose ne se produise. Nous n'avions plus de nourriture, et très peu d'eau potable. La question de savoir comment et si nous allions survivre avant que quelqu'un ne nous vienne en aide était sur toutes les lèvres.

Hitler savait très bien ce qu'il se passait. Mais il était tellement furieux quant à cette défaite, et ressentait une telle haine envers les détenus des camps de concentration que lâcher prise lui était inconcevable. Le 7 avril 1945, Josef Kramer reçut l'ordre d'exécuter tous les détenus de Bergen-Belsen, au lieu de nous rendre à leurs ennemis pour qu'ils nous libèrent. Quand la nouvelle arriva jusqu'aux oreilles des représentants du Congrès juif mondial à Stockholm, ils firent pression sur Himmler pour qu'il n'obéisse pas à cet ordre, ce qu'il fit, rendant Hitler fou de rage.

Le 8 avril, des milliers de détenus arrivèrent à Bergen-Belsen, qui ne pouvait plus accueillir personne. Malgré le manque d'espace, les nazis continuaient à prendre des mesures désespérées - ils étaient dos au mur. Le nombre de détenus dans le camp avait atteint soixante-dix mille, soixante-dix mille personnes qui ne seraient pas exécutées mais qui ne furent pas accueillies dans les conditions les plus favorables à leur survie. Dans un sens, il s'agissait d'une tuerie stratégique mise en place par les nazis.

À l'intérieur du camp, nous commencions à nous demander si la guerre arrivait en fait à son terme. Nous entendîmes les tirs de canons aux alentours, et aperçûmes à plusieurs reprises l'escadron d'assaut allié voler au-dessus du camp. Les avions anglais et américains se relayaient pour voler au-dessus de nous, jour et nuit. Bergen-Belsen était devenu l'épicentre de la zone de guerre entre eux et les Allemands.

Notre inquiétude grandissait à chaque explosion que l'on entendait. Mais quelque chose qui nous scandalisa et qui ajouta à notre désespoir, était le fait qu'il ne vint jamais à l'esprit des forces américaines et anglaises de bombarder Bergen-Belsen - ses chemins de fer ou son voisinage - parce que nous n'étions pas leur priorité. Le seul objectif de leurs batailles était de l'emporter sur les troupes allemandes, pas de sauver ceux qui avaient été déportés à Bergen-Belsen.

À l'époque, je n'avais plus que la peau sur les os. Je pouvais dessiner le contour de mes os en me regardant. On aurait dit que j'étais un squelette ambulant parcourant le monde, qui ne resterait en vie que le temps d'un soupir. Rien dans mon apparence ne me rappelait la jeune fille saine que j'avais été. Je ne me reconnaissais plus. À la fin de la guerre, je pesais 31 kilos - un poids sain pour un enfant, pas pour une adolescente de seize ans.

À l'époque, je n'avais plus que la peau sur les os. Je pouvais dessiner le contour de mes os en me regardant. On aurait dit que j'étais un squelette ambulant parcourant le monde.

Même si j'en avais l'âge, je n'avais pas encore eu mes règles. Mon corps ne fonctionnait plus comme il était censé le faire. Pendant le temps que nous avons passé dans le camp de concentration, le cycle menstruel de toutes les femmes avait été interrompu. Je me suis toujours demandé si cela n'était peut-être pas la meilleure des choses qui nous soit arrivée, finalement, puisque les conditions d'hygiène auraient été encore plus humiliantes sans accès à des protections hygiéniques.

Cela prendra certainement un moment avant que mon corps se remette complètement de cette expérience. Avoir vécu dans un camp de concentration avait eu un impact très fort sur ma santé, et il allait me falloir du temps avant de m'en considérer guérie. Car, cela va sans dire que les conditions de vie auxquelles nous avions été soumis étaient dévastatrices.

J'étais extrêmement affaiblie, vide de toute énergie ou capacité de penser à ma famille. La seule force qui me restait me permettait uniquement de continuer de respirer. J'étais si faible, que je ne pouvais même plus marcher. Je passais de longs moments dans mon lit superposé, comme le firent la plupart des autres détenus quand la fatigue les empêchait d'avancer - notamment ceux qui étaient très malades. Nous transportions tous en nous cet air horrible de mort.

Pourquoi ces avions ne sont-ils pas descendus pour nous sauver ? Pourquoi les Allemands ne nous ont-ils pas simplement laissé partir ? Pourquoi ne pas nous laisser tranquilles puisqu'ils avaient déjà perdu la guerre ? La libération de Bergen-Belsen était à deux doigts de se produire. Mais elle ne signifiait pas que nous survivrions tous. La guerre, celle qui nous était intime et que nous portions en nous, celle-ci ne finirait jamais. Et il s'écoulera beaucoup de temps encore avant que celle-ci ne touche à sa fin.

7

LA LIBÉRATION DE BERGEN-BELSEN

En avril 1945, les Allemands et les Anglais se sont affrontés dans une bataille autour de Bergen-Belsen. On sentait que ces bruits de guerre se rapprochaient. S'ils ne sont généralement pas synonymes de bonheur pour le commun des mortels, ces sons représentaient pour nous, détenus, la liberté.

Le camp était déjà complètement infesté de maladies - ce qui inquiéta les Allemands, dans la mesure où la perspective d'une libération des prisonniers devenait de plus en plus concrète. Qu'arriverait-il aux populations allemandes vivant dans les environs ? Face à ce problème dont ils étaient à l'origine, les Allemands ne pourraient compter que sur eux pour se tirer d'affaire.

C'est dans un tel contexte qu'apparurent soudainement, en face des troupes britanniques, deux soldats allemands agitant un drapeau blanc, le 12 avril 1945. Qu'est-ce que cela signifiait ? Quelle était leur intention ? Ils s'apprêtaient à conclure un pacte avec les Anglais dont le scénario était le suivant : ces derniers étaient tout près d'un camp nommé Bergen-Belsen, un camp pris d'assaut par le typhus. Les Allemands craignaient que, tandis qu'ils se battaient au front, les détenus s'échappent et essaiment la maladie à travers la population, y compris parmi les soldats anglais - comme si les

Allemands se préoccupaient de la santé de leurs ennemis... Les Allemands proposaient donc une zone de non-feu dans les environs du camp. En d'autres mots, ce serait une zone neutre où ils ne feraient pas feu, pour que le camp soit remis sans aucune résistance.

C'est la raison pour laquelle de nombreux gardiens du camp s'étaient enfuis. Ils savaient que des négociations étaient en cours, et ne voulaient pas rester de peur d'être arrêtés par les forces ennemies. Ils avaient été suffisamment courageux pour nous assassiner et nous affubler de noms, tel que "parasites abjects", mais faire face aux conséquences de leurs actions représentait la limite de leur bravoure. Le pacte fut signé par les deux parties, ce qui signifiait que le sort de Bergen-Belsen s'apprêtait à changer pour de bon.

Dans un premier temps, les Anglais ne croyaient pas en ce que leur disaient les Allemands. Respecteraient-ils réellement la zone de non-feu ? Ils ignoraient encore tout des conditions dans lesquelles ils trouveraient Bergen-Belsen. Ces soldats de guerre expérimentés pourraient-ils faire face à ce qu'ils étaient sur le point de découvrir ? Qui sur cette terre, doté d'un minimum d'empathie, pourrait supporter la vue de cet enfer sur terre ?

Ces soldats de guerre expérimentés pourraient-ils faire face à ce qu'ils étaient sur le point de découvrir ? Qui sur cette terre, doté d'un minimum d'empathie, pourrait supporter la vue de cet enfer sur terre ?

À l'entrée du camp, les Allemands avaient apposé une pancarte indiquant : "Danger : typhus !". Pourquoi afficheraient-ils ce type d'enseigne s'ils étaient eux-mêmes à l'origine de cette situation ? Ils auraient mieux fait de réfléchir avant de commettre ces exactions... En fait, ils voulaient faire en sorte de nous laisser mourir du typhus à l'intérieur du camp, et pour ce faire, ils n'auraient même pas à lever le petit doigt. Leur but était de nous exterminer.

Les Anglais furent emmenés vers le camp, sans avoir d'idée précise de ce qu'était Bergen-Belsen. Quand ils arrivèrent, l'un d'eux sortit un mégaphone et annonça : "Vous êtes maintenant en sécurité. Les Allemands sont partis. Vous aurez bientôt de quoi boire et de quoi manger. Restez dans vos baraquements, s'il-vous-plaît".

Je me souviens de ce jour comme si c'était hier. Les détenus peinaient à croire en ce qu'ils venaient d'entendre. Les Allemands ne nous persécuteraient-ils plus ? Notre vie allait-elle changer à présent ? Cependant, l'éreintement extrême dont souffrait la plupart des détenus du camp rendait tout déplacement impossible. Cette fatigue intense les empêchait même de comprendre qu'ils allaient enfin être libres.

Je souffrais d'une intense inanition au moment où cette annonce me parvint. Je la reçus donc avec des sentiments partagés. Des milliers de pensées se bousculaient dans mon esprit et cela générait en moi un sentiment de confusion. Donc, j'étais libre et autorisée à retrouver une vie normale. Mais, de quel genre de vie normale s'agirait-il ? Je n'avais plus de maison, je n'avais plus ma famille. J'étais dans un piteux état, et ma santé en avait pris un coup. Dans quelles conditions allais-je vivre ? Reverrai-je un jour ma mère et mon frère ?

Dès leur entrée dans Bergen-Belsen, les Anglais furent extrêmement choqués de ce qu'ils y virent. Il y avait des corps partout. Les gens y étaient plus morts que vivants. L'odeur de putréfaction était insupportable. L'air terrifié que ces soldats portaient sur leurs visages traduisait parfaitement l'enfer que nous avions vécu ici - dans ce lieu où l'humanité avait été faite prisonnière par l'endoctrinement nazi.

Dès leur entrée dans Bergen-Belsen, les Anglais furent extrêmement choqués de ce qu'ils y virent. Il y avait des corps partout. Les gens y étaient plus morts que vivants. L'odeur de putréfaction était insupportable.

Ces soldats avaient été entraînés pour affronter des conditions extrêmes, tuer l'ennemi, et revenir sains et saufs des situations les plus dangereuses. Néanmoins, même ces êtres humains, pourtant habitués au spectacle de la guerre, n'en revenaient pas de ce qu'ils voyaient, de cet état de décomposition avancé dans lequel ils nous avaient trouvés. Ils ignoraient probablement ce qu'il s'était passé à Bergen-Belsen, et beaucoup restèrent quelques temps sous le choc à cause de ce qu'ils avaient vu.

Josef Kramer n'avait pas pris la fuite, contrairement aux autres SS. Il était resté afin d'accueillir les troupes ennemies et de leur "remettre" le camp - comme s'il y avait une sorte de cérémonie de passation de propriété. Il avait suffisamment gardé son sang froid pour expliquer l'état dans lequel Bergen-Belsen se trouvait sans que son expression faciale ne s'en retrouve jamais perturbée. La comparaison entre l'absence d'empathie de cet homme, l'horreur qu'il avait contribué à créer et l'ébahissement total des Anglais à leur arrivée ici, était saisissante.

Une fois la reconnaissance du terrain achevée, les Anglais retournèrent à leur point de départ pour arrêter Kramer et les SS restants. Ce seront *eux* les détenus, à présent.

Dès l'arrivée de nos sauveurs à Bergen-Belsen, le camp prit le nom de "Camp de l'horreur". L'état de déshumanisation de ceux qui y vivaient toujours était tel qu'il était impossible de les considérer comme survivants. Bergen-Belsen restera à jamais connu comme étant le "Camp de l'horreur".

Bergen-Belsen restera à jamais connu comme étant le "Camp de l'horreur".

L'observation de cette scène suscitait en chacun l'horreur et l'incompréhension. Pour autant, il fallait agir vite pour que les choses n'empirent pas. S'arranger pour faire parvenir de l'eau et de la nourriture - deux ressources que nous désespérions d'avoir - était une extrême urgence.

Pour ces soldats anglais, qui n'étaient entraînés qu'au combat, ce fut un défi. À présent, ils devaient faire face à la situation dans laquelle ils s'étaient mis. Comment allaient-ils apporter de la nourriture à ces populations dénutries ? Comment allaient-ils apporter de la vie à ces populations qui se pensaient déjà mortes, comme si elles n'étaient plus humaines ? Ils n'avaient pas été entraînés pour affronter cela.

Même si Bergen-Belsen avait été libéré, il était primordial de garder à l'esprit que nous étions toujours en temps de guerre. Notre réalité commençait à changer, mais en dehors, on entendait toujours les échanges de coups de feu, les tirs de canons, et obtenir de la nourriture et du matériel médical n'était pas chose aisée.

Ils n'avaient nulle part où aller chercher rapidement tout ce dont ils avaient besoin en grande quantité. Mais les soldats anglais faisaient de leur mieux. Leur objectif premier était de sauver les détenus de Bergen-Belsen.

Le jour qui a suivi la libération, des camions militaires réquisitionnés par les soldats, remplis de boîtes de conserve, pénétrèrent dans le camp.

Si vous pensez que toute cette nourriture nous rassasirait, détrompez-vous. C'est ce que nous croyions également, mais ce ne fut pas le cas. Puisque les soldats anglais n'avaient pas l'habitude de combattre la malnutrition extrême - ou qu'ils ignoraient peut-être quelle était l'ampleur de cette catastrophe - personne ne s'imagina une seule seconde que cette nourriture pouvait nous être fatale. Cette nourriture causa la mort de nombreuses personnes. Oui, c'est exactement ce qu'il s'est passé : certaines personnes étaient si faibles que leurs corps ne pouvaient pas supporter l'apport en calories qu'elles ingurgitaient d'un coup. La plupart de ces personnes étaient affamées, et commençaient alors à manger si vite que leur respiration s'en retrouva coupée. Ces personnes sont mortes parce que leurs corps ne pouvaient plus tolérer ce qu'elles mangeaient.

Certaines personnes étaient si faibles que leurs corps ne pouvaient pas supporter l'apport en calories qu'elles ingurgitaient d'un coup. La plupart de ces personnes étaient affamées, et commençaient alors à manger si vite que leur respiration s'en retrouva coupée. Ces personnes sont mortes parce que leurs corps ne pouvaient plus tolérer ce qu'elles mangeaient.

Selon les estimations des troupes anglaises, près de deux mille personnes ont succombé à la surabondance de nourriture. Comment se faire à l'idée qu'une situation aussi déconcertante ait eu lieu ? Ces personnes avaient été privées de nourriture si longtemps, dépouillées de tout droit jusqu'alors, et leurs premiers instants de liberté et de satiété potentielle leur devenaient mortels. Les conséquences de cette vie dans le camp ne se limitaient évidemment pas au camp lui-même - et ceux qui survécurent en garderaient le souvenir pour le restant de leurs jours.

Les conséquences de cette vie dans le camp ne se limitaient évidemment pas au camp lui-même - et ceux qui survécurent en garderaient le souvenir pour le restant de leurs jours.

Une fois de plus, j'échappai de justesse à un tel sort. Un des soldats britanniques me donna une conserve de lait concentré et, parce que je n'en aimais pas le goût, je n'en avais mangé qu'un peu. Je n'aurais probablement pas survécu pour vous raconter mon histoire si j'avais écouté ma faim et englouti toute la boîte. Vu l'état dans lequel j'étais, mon corps n'aurait certainement pas pu digérer tout le sucre et toutes les calories. Une fois encore, j'avais eu de la chance. Le destin m'aidait à survivre.

La situation à Bergen-Belsen devint si précaire que, même après la libération, on continuait d'y mourir à cause de la dénutrition et de maladies. Certaines personnes étaient si faibles que l'on n'avait aucun espoir de les guérir, elles n'attendaient plus que leur dernier souffle. Telles sont les conséquences des actions de ceux dont les croyances ne font état d'aucune compassion sur des personnes innocentes.

Parmi les soldats anglais qui s'engagèrent dans l'opération libération de Bergen-Belsen se trouvait Leonard Berney. Il était juif lui aussi et était âgé de vingt-cinq ans quand il pénétra dans Bergen-Belsen sans savoir ce qu'il y découvrirait. Ce qu'il vit le choqua tellement qu'il fut par la suite incapable d'oublier les images que sa mémoire avait photographiées. Pourtant, il était plus âgé que ses camarades soldats qui, pour la majorité, n'avaient pas plus de vingt ans. Ces jeunes hommes n'avaient déjà pas accumulé beaucoup d'expérience

à leur si jeune âge, quand bien même, ils étaient devenus les témoins de toute la noirceur que l'être humain est capable de porter en son âme.

L'une des premières missions de Berney à Bergen-Belsen était de rétablir l'approvisionnement en eau vers le camp, que certains SS avaient interrompu avant de s'enfuir, juste avant l'arrivée des forces alliées. Dès qu'il avait fini avec cette tâche, on lui en attribuait d'autres - il y avait énormément de travail à abattre dans le camp.

Maintenant que j'étais libre et seule, je commençais à me demander s'il aurait été judicieux d'informer la famille que j'avais en Angleterre de l'état de ma situation, pour recevoir un peu de leur aide après toute cette horreur. Je n'étais pas la seule à réclamer ce genre de soutien : la plupart des détenus avaient été arrachés à leurs pays et avaient besoin de contacter quelqu'un qui puisse faciliter leur retour.

Sachant cela, j'allai à la rencontre de Leonard Berney un jour qu'il prenait des notes, assis à son bureau. Je lui demandai si je pouvais envoyer une lettre à ma famille en Angleterre pour les informer du fait que j'étais à Bergen-Belsen, saine et sauve. Il me regarda fixement, probablement surpris de la qualité de mon anglais - puisqu'il était plutôt rare ici de rencontrer des anglophones. Je lui donnai l'adresse de ma tante et il écrivit une lettre indiquant à mes proches où je me trouvais et que j'avais survécu. J'ai gardé cette première lettre qu'il envoya en Angleterre le 21 avril 1945. Pour l'anecdote, il s'était trompé sur mon prénom et avait écrit Ninette au lieu de Nanette.

Puisque je parlais bien l'anglais, en plus d'autres langues, j'aidais les soldats dans le camp en leur servant d'interprète. Il leur était difficile de communiquer avec les détenus, puisque ceux-ci étaient de nationalités différentes et que, sauf rares exceptions, personne ne parlait anglais. En ce sens, mes compétences en anglais, allemand, français et hollandais s'avérèrent très pratiques.

Je garde un souvenir cher de cet homme, auquel je suis

reconnaissante. En tant que membre de l'armée britannique, il m'avait tout de même sauvé la vie. Il était de ceux qui entrèrent dans le camp pour nous en libérer, qui furent choqués et émus par la malédiction qui s'était abattue sur nous, personnes innocentes, sujettes aux punitions les plus abjectes. Et en plus de cela, il écrivait des lettres pour m'aider à garder contact avec ma famille. C'était la première fois en plusieurs mois que quelqu'un me venait en aide de la sorte. Et cela me faisait du bien de voir qu'il existait encore de bonnes personnes en ce monde.

Je garde un souvenir cher de cet homme, auquel je suis reconnaissante. Après tout, en tant que membre de l'armée britannique, il m'avait sauvé la vie.

Un autre problème auquel les Anglais allaient devoir se confronter, était le grand nombre de corps disséminés un peu partout dans le camp. Le crématorium était hors d'usage, impossible de brûler tant de corps, ce qui se traduisit en un entassement des corps aux quatre coins du camp - puisque les Allemands n'avaient même pas pris la peine de les transporter dans les fosses qu'ils avaient creusées à cet effet.

Le nombre de morts à Bergen-Belsen était tout aussi ahurissant que terrifiant. Quand les troupes anglaises arrivèrent dans le camp, elles y trouvèrent près de dix mille corps dispersés partout. Ce nombre augmentait toujours puisque des individus continuaient de souffrir, et de mourir. L'état de certains était si fragile que l'on savait qu'ils ne survivraient pas, même avec les soins les plus performants.

Quand les troupes anglaises arrivèrent dans le camp, elles y trouvèrent près de dix mille corps dispersés partout. Ce nombre augmentait toujours puisque des individus continuaient de souffrir, et de mourir.

Rassembler les corps était une activité intense et difficile, et les Anglais ne savaient pas vraiment comment s'y prendre. Ils remarquèrent les fosses immenses que les Allemands avaient commencé à creuser, et prirent la décision de continuer ce travail. Après tout, il aurait été compliqué d'enterrer des milliers de corps d'une autre façon.

Et quelles étaient les personnes que les Anglais avaient assignés à cette tâche ? Ceux-là mêmes qui n'auraient tout simplement pas dû les initier : les Allemands. Certains des gardes SS qui étaient restés ici furent forcés de rassembler les corps et de les mettre dans les fosses. Il était impressionnant de constater l'indifférence avec laquelle ils exécutaient cette tâche horrible sans montrer de remords.

Les SS transportaient les corps sous les regards attentifs des anciens détenus, que ces mêmes gardes avaient maltraités à l'extrême. Nous ressentions tous un profond dégoût face à cette scène, mais en même temps, cet inversement des rôles nous divertissait. Les SS devaient maintenant obéir aux ordres. L'Allemagne avait bel et bien perdu la guerre.

Plusieurs jours s'étaient avérés nécessaires pour réaliser ce travail. Les dégâts que les Allemands avaient commis étaient tels qu'il fallut fournir des efforts tout aussi intenses pour y remédier. La baisse du taux de mortalité à Bergen-Belsen s'avéra très lente, mais une fois entamée, nos vies en seraient-elles vraiment changées ?

Une fois l'endroit vidé de tous les corps qui le jonchaient, on l'aménagea de sorte que ces gens puissent bénéficier de funérailles dignes de ce nom en faisant venir un rabbin au camp. Les Anglais sollicitèrent aussi les préfets et les civils de villes voisines pour qu'ils viennent prendre conscience du massacre que leur doctrine avait causé à l'humanité.

Le tableau était saisissant : des milliers et des milliers de corps avaient été amassés, enterrés ensemble, empilés les uns sur les autres - remplissant à l'extrême l'espace qui leur avait été alloué. Les Allemands le voyaient à présent, et ne pouvaient plus dire qu'ils ignoraient ce qu'il s'était passé. Des photographes et cameramen militaires enregistrèrent la scène, pour que personne ne puisse dire que ces atrocités n'eurent jamais lieu, pour que ce qu'il s'est produit à Bergen-Belsen ne soit jamais oublié.

Des photographes et cameramen militaires enregistrèrent la scène, pour que personne ne puisse dire que ces atrocités n'eurent jamais lieu, pour que ce qu'il s'est produit à Bergen-Belsen ne soit jamais oublié.

Maintenant qu'un certain ordre et que des conditions de vie dignes avaient été restaurés, les Anglais devaient s'atteler à trouver un nouvel endroit où accueillir les anciens détenus. Après tout, le camp était infesté de maladies - personne ne serait en mesure d'y vivre tout en restant en bonne santé.

Leonard Berney avait découvert un endroit dans les environs, nommé École d'entraînement des troupes blindées - une école de conduite de tanks dans laquelle les soldats allemands s'entrainaient. En plus de la grande quantité de nourriture qui nous attendait là-bas, le lieu était doté de grands espaces et de tout le confort nécessaire. Les Anglais n'en revenaient pas de voir que cet endroit, si près de Bergen-Belsen, disposait de réserves si abondantes qu'elles nous auraient permis de ne pas mourir de faim. Cela illustrait la violence que les soldats d'Hitler exerçaient délibérément. Ils nous affamaient par cruauté.

Les Anglais n'en revenaient pas de voir que cet endroit, si près de Bergen-Belsen, disposait de réserves si abondantes qu'elles nous auraient permis de ne pas mourir de faim. Cela illustrait la violence que les soldats d'Hitler exerçaient délibérément. Ils nous affamaient par cruauté.

Les Anglais firent en sorte de préparer cette école à recevoir les détenus. Mais certains étaient si malades, sur leur lit de mort, que rien n'aurait pu les aider. Les malades étaient transférés vers un hôpital de fortune, tandis que ceux qui étaient dans de meilleures conditions - c'est-à-dire, ceux qui étaient toujours en mesure de marcher - étaient envoyés en camp de rétablissement.

J'avais peine à croire qu'après tous ces mois passés ici j'allais enfin quitter le camp de concentration. Je ne fus pas transférée bien loin du camp, mais le simple fait de ne plus avoir à vivre dans cet endroit qui me rappelait la mort de mon père, celle de mon frère, la déportation de ma mère, et tout ce vécu macabre qui fut le mien ici, m'emplit d'un sentiment de liberté. J'allais enfin pouvoir respirer un air plus pur, en dehors de Bergen-Belsen.

Notre transfert vers l'école des troupes blindées avait commencé, et les soldats se rendirent rapidement compte du nouvel obstacle qui se présentait à eux : ils étaient incapables de coordonner correctement ces transferts, parce qu'un grand nombre de petits groupes s'était constitué et dont les membres ne voulaient pas être séparés les uns des autres. Au vu de tout ce que nous avions traversé, le fait d'être entouré de ceux auprès de qui nous avions tissé des liens nous apportait réconfort et sécurité.

Pour ma part, je n'appartenais à aucun petit groupe, donc la solitude ne me posait pas de problème. En réalité, je me languissais plutôt de quitter ce lieu ! Maintenant que la liberté s'offrait à nous, rester ici une journée de plus était pour moi inenvisageable. C'est ainsi que je suis devenue l'une des premières personnes à être transférée vers le nouveau camp de rétablissement, parce que mon état était relativement bon et que j'étais capable de marcher.

Néanmoins, avant d'emménager là-bas, les conditions d'hygiène devaient être améliorées chez les anciens détenus, pour empêcher la propagation des maladies. C'est ainsi que les soldats eurent l'idée d'improviser une "blanchisserie humaine" : ils pulvérisaient une solution à base de poudre de DDT sur nos corps pour tuer les poux qui s'y trouvaient, avant de nous amener dans les douches, munis d'un savon en barre et d'une serviette. Quel plaisir de prendre une douche ! L'eau était si chaude ! Cela faisait-il si longtemps que je n'avais pas ressenti l'eau chaude ruisseler sur mon corps ? Sans parler du savon et de la serviette ! Quelle sensation merveilleuse !

Quel plaisir de prendre une douche ! L'eau était si chaude ! Cela faisait-il si longtemps que je n'avais pas ressenti l'eau chaude ruisseler sur mon corps ? Sans parler du savon et de la serviette ! Quelle sensation merveilleuse !

Avoir la chance de pouvoir prendre une douche digne de ce

nom était quelque chose de grandiose. Se sentir sale est dégradant, à la fois physiquement et psychologiquement, de ce fait, prendre une douche me fit me sentir de nouveau comme une jeune femme normale. Je pouvais être propre, utiliser un savon et même une serviette de bain pour me sécher - quel luxe cela représentait pour nous tous à Bergen-Belsen.

À mon arrivée dans l'aire de rétablissement, je me dirigeai vers la cuisine pour servir d'aide supplémentaire aux autres détenus qui y avaient été affectés. Cet endroit nous fit don d'une perspective nouvelle. Nous étions entourés de personnes qui souhaitaient réellement nous venir en aide et nous sauver, des personnes qui ne pensaient pas que nos vies ne valaient rien - comme on nous le serinait quotidiennement depuis septembre 1943. À présent, les détenus pouvaient se sentir humains à nouveau, même si les choses continuaient d'être très difficiles, au vu de l'expérience traumatisante dont nous venions tout juste de sortir. À cette époque, il n'était pas rare de croiser des individus au regard éteint.

Mon travail à la cuisine ne dura que quelques jours. Ce que je craignais le plus se produisit : j'avais contracté le typhus. C'est une maladie silencieuse, dont les symptômes se manifestent de manière imprévisible. Mais quand ils se déclarent, ils le font avec intensité. La période d'incubation dure à peu près deux semaines généralement, suivie d'une très forte fièvre. Je suis tombée dans le coma, et ai perdu connaissance de ce qu'il se passait autour de moi.

Mon travail à la cuisine ne dura que quelques jours. Ce que je craignais le plus se produisit : j'avais contracté le typhus.

Tout comme moi, plusieurs autres détenus du camp de rétablissement avaient contracté le typhus et furent transférés vers l'hôpital. Au bout du compte, ceux d'entre nous qui avaient l'air en bonne santé ne l'étaient, en fait, pas tant que ça. Mais qui aurait pu quitter Bergen-Belsen sans jamais avoir attrapé l'une de ces maladies ?

Je ne me souviens plus du jour où je me suis réveillée, mais j'étais probablement restée dans le coma pendant deux semaines.

Quand j'ai repris mes esprits, j'étais allongée sur un matelas de foin, sur le sol. J'ignore qui s'est occupé de moi pendant ce temps - tout ce que je savais, c'est que j'étais consciente à nouveau.

Une fois de plus, c'était un miracle que d'être en vie. Tant de personnes avaient souffert à Bergen-Belsen à cause du typhus, et en étaient mortes, comme Anne et Margot Frank. J'avais échappé à la mort à nouveau, en dépit du manque de médicaments et de soins adéquats. La chance était de mon côté.

Il est difficile de savoir pourquoi j'avais survécu, et pas d'autres. Mon corps était-il plus résistant que celui des autres ? Mon destin était-il de survivre, et auquel cas, ce destin était-il tracé depuis le début ? J'ai assisté à la mort de milliers de personnes à Bergen-Belsen, y compris à celle de mon père, en me demandant toujours si ce serait moi, la prochaine personne à mourir. Mais j'étais là, maintenant. À ce jour, je ne puis trouver de véritable réponse à mes questions. Tout ce que je sais, c'est que j'ai eu beaucoup de chance, et que je me suis courageusement battue pour surmonter tous les obstacles qui s'étaient dressés sur mon chemin.

J'ai assisté à la mort de milliers de personnes à Bergen-Belsen, y compris à celle de mon père, en me demandant toujours si ce serait moi, la prochaine personne à mourir. Mais j'étais là, maintenant.

Alors que je me rétablissais du typhus, Leonard Berney écrivit une lettre à ma famille pour leur donner de mes nouvelles : il leur indiqua que j'étais tombée malade, mais que l'on prenait bien soin de moi. La lettre avait été envoyée à la fin du mois de mai 1945, au moment où l'on constata une amélioration générale de la situation dans le camp.

Le 19 mai 1945, les derniers anciens détenus furent transférés depuis Bergen-Belsen vers l'école des blindés. Il fallut plus d'un mois pour que les dernières personnes restantes puissent quitter les lieux pour de bon. Pour ce faire, l'aide de nombreux travailleurs avait été sollicitée, qu'il s'agisse de soldats anglais, d'étudiants en médecine venant d'Angleterre, ou d'infirmières de villes allemandes voisines - que certains détenus méprisaient du fait de leur nationalité. Même s'ils n'étaient pas complètement préparés pour venir ici, chacun d'eux se devait d'être fort pour dépasser le choc ressenti face à ce qu'ils avaient découvert ici, afin de pouvoir nous venir en aide. Personne, de toute manière, n'aurait jamais pu être entièrement paré pour affronter le spectacle de ce qui advint dans ce camp de l'horreur nommé Bergen-Belsen.

Même s'ils n'étaient pas complètement préparés pour venir ici, chacun d'eux se devait d'être fort pour dépasser le choc ressenti face à ce qu'ils avaient découvert ici, afin de pouvoir nous venir en aide.

Puisqu'il était impossible d'entretenir le camp, au vu des conditions déplorables dans lesquelles il était, la décision fut prise de le réduire en cendres. On mit le feu à chaque baraquement, pour qu'il ne reste plus aucune trace de ce qu'il s'était passé ici. La dernière baraque fut détruite le 21 mai 1945, emportée par les flammes.

Celles-ci avaient consumé l'entièreté de la structure du camp, mais n'emportèrent pas avec elles notre souvenir de ce qu'il s'y était produit. Ceux qui l'ont connu, qu'il s'agisse de détenus ou de personnes ayant travaillé dans le camp après la libération, sont incapables d'oublier ce lieu de site de destruction, qu'aucun feu ne pourra jamais décimer.

Tout comme pour Bergen-Belsen, la guerre elle aussi arrivait à son terme. Puisque les Allemands ne pouvaient plus résister et que leur défaite s'actait, l'Allemagne nazie décida de se rendre. Le 8 mai 1945, les Actes de capitulation du Troisième Reich furent signés. La guerre, cependant, ne prit fin que le 2 septembre de cette même année, en même temps que la capitulation du Japon, qui était un allié des nazis. Pourtant, les 6 et 9 août, le monde assista aux bombardements atomiques d'Hiroshima et de Nagasaki par les Américains, anéantissant toute vie dans un rayon de plusieurs kilomètres dans chacune des deux villes. Un autre exemple des dommages que l'être humain peut causer au monde, et qui nous prouvait bien que la guerre ne servait qu'à une chose : détruire.

Maintenant que Bergen-Belsen touchait à sa fin, les gens étaient inquiets de retourner à leurs domiciles. Certains ne souhaitaient même pas rentrer dans leur pays d'origine. C'était le cas pour les détenus venus de pays d'Europe de l'Est, comme la Pologne. Maintenant que la guerre était finie et que l'Allemagne n'occupait plus ces territoires, la Pologne et d'autres pays tombaient sous le Régime soviétique, ce qu'ils redoutaient. Ils craignaient, une fois de retour chez eux, de tomber à nouveau sous un régime autoritaire, et d'être privés de la liberté dont ils avaient tant rêvé. Face à un tel scénario, nombreux étaient ceux qui songeaient à immigrer vers la Palestine comme alternative, malgré les restrictions qui avaient été imposées par les autorités britanniques.

Après la libération, près de treize mille personnes moururent, parce qu'elles ne pouvaient plus se battre pour survivre. Toute l'assistance qu'elles avaient reçue et les efforts jusque-là fournis pour les sauver, ne suffirent pas à éviter la mort de milliers d'ex-détenus. Après que le camp de Bergen-Belsen eut été brûlé et définitivement fermé, un panneau fut placé à l'entrée :

"10.000 CORPS SANS SÉPULTURE FURENT TROUVÉS ICI. 13.000 AUTRES SONT MORTS DEPUIS. TOUS FURENT LES VICTIMES DU NOUVEL ORDRE ALLEMAND EN EUROPE, ET UN EXEMPLE DE LA CULTURE NAZIE".

Plus de six millions de juifs sont morts dans les différents camps de concentration, d'extermination, et les ghettos créés par les nazis. Ces nombres sont officiels, mais compte tenu de ma propre expérience, j'ai la sensation que le nombre total de personnes ayant perdu leur vie était plus important.

Plus de six millions de juifs sont morts dans les différents camps de concentration, d'extermination, et les ghettos créés par les nazis.

Après m'être réveillée du coma, je fus transférée vers un hôpital à Celle, en Allemagne, où j'allais pouvoir commencer à me préparer pour rebâtir ma vie. À l'hôpital, je reçus la visite d'un autre haut-gradé des troupes britanniques, qui avait souhaité rencontrer "l'Anglaise" qui avait survécu. Leonard Berney avait probablement quelque chose à voir avec cela.

Je m'apprêtais à rentrer à la maison. J'étais libre, et je pouvais commencer une vie nouvelle. Je devais retourner en Hollande, dans mon pays, mais j'ignorais ce que l'avenir me réservait. Mon père était mort, et je ne savais absolument pas où se trouvaient ma mère et mon frère - ni même si je les reverrais un jour. Malgré tout, mon état de santé général était extrêmement affaibli, et je m'interrogeais sur mon aptitude à reprendre une vie normale immédiatement. La libération signifiait peut-être que je pouvais être loin de Bergen-Belsen, mais elle ne me rendit ni la paix ni la tranquillité.

8

RETOUR EN HOLLANDE

Le Troisième Reich touchait réellement à sa fin, et le monde s'adaptait à un nouvel ordre, même si la guerre ne prit officiellement fin qu'en septembre 1945 avec la capitulation japonaise. Hitler ne voulait pas que son pays se retrouve face à une défaite supplémentaire, notamment après ce qu'il avait pu observer au cours de la Première Guerre mondiale quand il était soldat. Il prit une décision drastique, voire lâche : celle de s'interdire de se faire arrêter par l'ennemi, c'est-à-dire, par les troupes alliées. Le 22 avril 1945, les forces alliées envoyèrent un télégramme aux Allemands, leur conseillant de protéger Berlin. Hitler sut à cet instant qu'il était trop tard pour éviter la défaite. Avec sa femme, Eva Braun, ils partirent se réfugier dans un bunker et décidèrent de mettre fin à leurs jours le 30 avril 1945. Hitler se tira une balle dans la tête, et sa femme but du poison. Une fois retrouvés, on arrosa leurs corps d'essence, avant d'y mettre le feu. Tel fut le sort de l'homme à l'origine du plus grand massacre de l'histoire commis à l'encontre de ceux qui n'appartenaient pas, selon ses croyances, à la "pure race aryenne".

Quittant le territoire allemand, je retournai en Hollande lourde de sentiments contradictoires - anxiété, peur, et tristesse profonde. C'était étrange de rentrer en Hollande, après tout ce qu'il s'était passé. Il me semble que tant d'années se sont écoulées depuis que notre vie a été chambardée. Je ne savais pas de quoi la vie serait faite dans mon pays, ni ce que j'allais y découvrir. Probablement, le pays avait connu beaucoup d'actes de destruction, comme ce fut le cas dans la plupart des pays d'Europe durant la Seconde Guerre mondiale. La Hollande avait été libérée de l'Allemagne au début du mois de mai 1945. À la fin de l'année 1944, les forces alliées avaient déjà rejoint le combat afin de libérer l'Europe. Avant que la Hollande ne soit libérée fin 1944, un hiver très rude, aggravé par la guerre, s'était abattu sur le pays - des milliers de personnes qui n'avaient pas été déportées, puisqu'elles n'étaient pas juives, moururent de faim, de froid et de maladies. Cette époque est connue sous le nom de *Hongerwinter*.

J'étais dans une situation particulièrement difficile : j'ignorais ce qu'il était arrivé à ma mère et à mon frère, nous n'avions plus de maison (celle-ci nous avait été confisquée juste après notre déportation) et mon état de santé pâtissait de ces mois de lutte pour la survie. Mais il me fallait avancer. La vie en camp de concentration était finie, mais je continuais de porter en moi le traumatisme ainsi que les conséquences physiques du temps passé à Bergen-Belsen. La libération n'avait pas apaisé les choses. De nombreuses difficultés m'attendaient encore.

À cause de ma santé fragile, je fus transportée en Hollande par un avion de la British Air Force, avec un petit groupe de personnes dont la condition était similaire à la mienne. Les autorités avaient compris, au vu de l'état de santé dans lequel nous étions, que nous ne survivrions pas le voyage en train.

Cette date est inscrite dans mon passeport, que j'ai gardé à ce jour : le 24 juillet 1945, jour où je suis rentrée dans mon pays. On m'emmena à Eindhoven, dans le sud de la Hollande. À mon arrivée, je fus envoyée dans une école catholique temporairement réaménagée pour accueillir des survivants. Mais mon séjour là-bas s'avéra très court : les personnes rattachées à l'école n'aimaient pas l'idée de recevoir d'anciens détenus et souhaitaient que leur école leur soit rendue pour la rentrée scolaire. C'est à ce moment-là que j'ai commencé à comprendre qu'il n'était pas dans l'intérêt des gens que de nous aider.

Suite à ce bref séjour à Eindhoven, je fus transférée à Santpoort, situé plus près d'Amsterdam. Là-bas, je résidais dans un sanatorium qui avait été réorganisé pour recevoir les survivants des camps de concentration. C'est là que je passerai les trois prochaines années de ma vie à Santpoort, à nouveau confinée dans un lieu avec d'autres personnes, mais cette fois-ci, je me rétablissais et vivais une vie normale.

Le sanatorium était situé dans une zone extrêmement bucolique : la végétation et la tranquillité de cet endroit étaient typiques de la campagne, loin du centre-ville agité d'Amsterdam. Je me souviens des visites que les chèvres nous rendaient souvent pour nous voler notre nourriture. J'entends encore les pas de ces chèvres gambadant autour du bâtiment comme si c'était hier. Bien sûr, je n'étais pas chez-moi, mais il était si bon de ne plus être dans un camp de concentration !

À mon arrivée ici, les premiers temps, je séjournais à l'infirmerie de fortune qui avait été créée, avant d'être transférée autre part. Mon lit avait été placé sur un balcon, entre deux fenêtres de toit. Celui-ci avait des fuites, nous avions donc placé mon lit stratégiquement, de manière à éviter, d'une part, qu'il ne soit trempé et, d'autre part, qu'il ne me cause plus de problèmes de santé que je n'en avais déjà.

Même si je n'avais plus le typhus, j'allais à présent devoir affronter d'autres maladies : la tuberculose et la pleurésie. Ces deux maladies affectaient aussi bien mes poumons que ma respiration. À cause de la tuberculose, je me sentais très fatiguée et faible, et devais rester au lit la plupart du temps. Il n'existe pas de traitement rapide contre la tuberculose, ce qui explique pourquoi je suis restée si longtemps au sanatorium.

Il était pénible de rester ici : je ne pouvais pas reprendre le cours de ma vie, ni même chercher à savoir ce qu'il était advenu de mes proches. Ma mère et mon frère étaient-ils toujours en vie ? Retrouverai-je un jour ne serait-ce qu'une partie de ma famille ? J'étais déterminée à en apprendre plus sur ce qui leur était arrivé, parce que chaque nouvelle qui me parviendrait jouerait un rôle important dans la manière dont je vivrai ma vie.

Ma mère et mon frère étaient-ils toujours en vie ? Retrouverai-je un jour ne serait-ce qu'une partie de ma famille ?

Après que les camps ont été libérés, un intense flux de personnes circula à travers l'Europe. Certains essayaient de rentrer chez eux, d'autres cherchaient un endroit où ils pourraient tout recommencer à zéro. La plupart désirait avant tout retrouver leur famille. La Croix Rouge fournissait un effort gigantesque en transmettant des informations aux personnes dont un membre de leur famille était mort, estimant parfois même la date du décès. Mais ce sont des millions de personnes qui ont perdu la vie au cours de la Seconde Guerre mondiale - six millions d'entre eux étaient juifs. Imaginez les problèmes de communication qui s'ensuivirent... L'Europe essayait de se reconstruire au milieu d'un chaos tel, qu'il semblait impossible à organiser tant il était vaste.

Tandis que certains rentraient chez eux, d'autres firent appel à la justice. En septembre 1945, un tribunal dirigé par les Anglais à Lüneburg, en Allemagne, commença à juger les crimes commis à Bergen-Belsen. Plusieurs personnes, qui avaient joué un rôle actif dans les atrocités ayant eu lieu dans le camp, furent condamnées à mort, comme Josef Kramer et Irma Grese. Aussi choquant que cela puisse paraître, ces criminels continuaient d'affirmer qu'ils n'avaient rien fait de mal, puisqu'ils ne faisaient que suivre les ordres. Comment la mort de millions de personnes peut-elle être justifiée par le fait que "des ordres devaient être suivis" ?

Aussi choquant que cela puisse paraître, ces criminels continuaient d'affirmer qu'ils n'avaient rien fait de mal, puisqu'ils ne faisaient que suivre les ordres.

Quand on lui demanda si elle avait été forcée de torturer les détenus, Irma Grese répondit en toute franchise : "Non !", proclama-t-elle. Elle nia également avoir ressenti quelconque remords pour les actes qu'elle avait commis. Irma Grese fut condamnée à mort par pendaison à l'âge de vingt-deux ans. Le jour de son exécution, son dernier mot était : "Schnell !" - ce qui signifie "Vite !" en allemand.

Irma Grese fut condamnée à mort par pendaison à l'âge de vingt-deux ans. Le jour de son exécution, son dernier mot était : "Schnell !" - ce qui signifie "Vite !" en allemand.

Il m'était difficile de me l'expliquer, mais je sentais déjà que je ne reverrai plus jamais ma mère et mon frère. J'avais besoin de quelque chose de concret pour confirmer ce sentiment, mais au fond de moi, j'étais certaine de ce qui arriverait. Je me rappelle avoir fait un rêve, une fois, au cours duquel une réponse me fut pratiquement donnée. Dans mon rêve, je retrouvais ma famille. Nous étions tous réunis : mon père, ma mère, mon frère et moi. Mais à un certain moment, alors que je pris un certain chemin, ma famille en prit un autre. Ce rêve me disait que j'étais seule au monde.

Je reçus assez rapidement la confirmation qui me fit perdre tout espoir de les retrouver un jour. Oui, toutes les preuves indiquaient que je ne reverrai plus jamais ma mère. Pourtant, j'étais peut-être têtue et déraisonnable, j'espérais toujours que ma mère et mon frère arrivent subitement au sanatorium pour venir me chercher.

Tous mes espoirs se brisèrent le jour où je reçus cette triste nouvelle de la part d'un ami de la famille. Il avait une entreprise en Suède, où il entreprit des recherches sur les membres de sa famille. En se renseignant sur ce qui leur était arrivé, il rencontra deux femmes qui avaient été avec ma mère et qui lui confirmèrent sa mort. Après la libération, c'est de cette manière-là que l'on obtenait des informations sur nos proches : en remontant le cours des potentielles étapes par lesquelles ils étaient passés, et en allant à la rencontre de personnes susceptibles de partager toute information utile. Face au grand nombre de morts, les organisations officielles ne parvenaient pas à garder le rythme.

En avril 1945, ma mère travaillait dans des conditions très

déplorables à Magdebourg, dans une usine de construction aéronautique. Quand la fin de la guerre se fit sentir et que les Allemands se mirent à transférer aléatoirement leurs détenus, deux mille femmes qui avaient travaillé à l'usine furent jetées dans un train à destination de nulle part. Le train arriva finalement en Suède, mais ma mère ne survécut pas au voyage. La date de sa mort fut officiellement fixée au 10 avril 1945. Mais son décès est probablement survenu quelques jours après le départ du train, quand ses forces se sont épuisées. Voilà ce que ces femmes ont dit à l'ami de mon père. J'ignore ce qu'il est advenu du corps de ma mère, donc je n'ai jamais eu la chance de lui dire au revoir.

J'ignore ce qu'il est advenu du corps de ma mère, donc je n'ai jamais eu la chance de lui dire au revoir.

Quant à la mort de mon frère, n'ayant jamais reçu de confirmation à ce sujet, j'ignore ce qu'il s'est réellement passé. Je ne peux qu'imaginer que les soldats SS l'ont exécuté au moment où il est arrivé dans le camp d'Oranienbourg, où il avait été déporté un jour avant le départ de ma mère. Son corps a probablement été jeté dans une fosse commune. Malgré mes recherches et la décortication des registres du camp que j'ai entrepris, je suis incapable de confirmer quoi que ce soit. Il n'y a aucune trace de la mort de mon frère, comme s'il n'avait jamais existé. La seule certitude que j'avais, était que je ne le reverrai plus jamais. Ma famille avait été complètement détruite.

Une fois toutes les pieces du puzzle assemblées, j'ai failli devenir folle. J'étais faible, malade, et je n'avais plus de famille. Où irai-je à présent ? Comment allais-je pouvoir survivre toute seule, sans argent, dans un monde hostile aux survivants de l'Holocauste ? Aurai-je un jour la force de porter tout ce poids sur mes épaules ?

Ma situation me déprimait fortement, puis j'ai rapidement compris que le fait de me sentir mal n'arrangerait pas la situation. Attendre ici, en me plaignant de tout ce qui m'était arrivé dans ma vie ne solutionnerait pas mes problèmes. Par ailleurs, qui voudrait parler à une orpheline détraquée ? Je n'allais certainement pas améliorer mon état de santé si je continuais d'agir de la sorte. C'était l'époque où j'avançais vers la guérison, ayant décidé de ne plus être victime des circonstances. J'avais survécu jusqu'ici, malgré tout ce qu'il m'était arrivé, donc il était hors de question d'abandonner. Je continuerai de me battre afin de reprendre le contrôle de ma destinée. Après tout, même si mon adolescence était pratiquement gâchée et ma famille détruite, je restais une jeune-femme de seize ans.

C'était l'époque où j'avançais vers la guérison, ayant décidé de ne plus être victime des circonstances.

Puisque je n'avais pratiquement plus de famille en Hollande et que j'étais mineure, il me fallait avoir deux tuteurs, une femme et un homme. Tous deux étaient de vieux amis de la famille. Ils me sont venus en aide dès les premiers instants, et se sont montrés extrêmement loyaux envers moi. Je me souviens notamment de cet homme qui était mon tuteur et des nombreuses visites qu'il me rendit au sanatorium. Mon lit étant sur un balcon, quand il faisait froid, je lui disais toujours : "Monsieur, vous feriez mieux de rester à l'intérieur". Mais il refusait toujours. "Si cela te convient, cela me convient à moi aussi", répondait-il. Chacune de ses visites était pour lui une occasion de m'offrir tout son soutien. Vraiment, c'est un homme qui m'a immensément aidée.

Il m'aida également à gérer le peu d'argent que l'on m'avait donné. Le gouvernement hollandais ne vint en aide à aucun des survivants et personne ne s'était proposé pour remplir cette fonction, bien que l'on nous eût confisqué tous nos biens - je veux dire, volé. Apparemment, personne n'était au courant de notre situation, nous devions donc nous débrouiller par nous-mêmes. Une maigre indemnité m'avait été versée par la banque. Celle-ci m'était revenue de droit, grâce au travail que mon père avait effectué pour l'entreprise. C'était une toute petite compensation, un geste symbolique, mais elle me servit à payer mon séjour au sanatorium.

Le gouvernement hollandais ne vint en aide à aucun des survivants et personne ne s'était proposé pour remplir cette fonction.

Il n'y avait pas grand chose à faire au sanatorium pour passer le temps. Nous n'avions le droit de rester debout que quelques minutes, mais je restais alitée la plupart du temps, pour pouvoir guérir de la tuberculose. Pour me donner l'impression que le temps passait plus rapidement, j'écrivais des lettres. Nous avions aussi une radio à notre disposition et pouvions l'allumer à certaines heures de la journée - à l'époque, il n'existait pas de programmes télévisés. Nous étions autorisés à allumer la radio aux heures de repos uniquement, le reste du temps, les autres survivants et moi-même ne pouvions qu'en imaginer les notes et nous laisser aller à la rêverie. En plus de cela, j'avais le droit de lire les livres que l'on m'avait offerts.

Outre les visites que me rendait mon tuteur, d'autres personnes venaient aussi me voir au sanatorium. Parmi les premières visites que j'ai reçues en étant à Eindhoven, je me souviens de celle des soldats de la Brigade Juive. Ils étaient venus pour Roch Hachana, le nouvel an juif, qui est une fête religieuse que nous célébrons à la fin du mois de septembre. À cette occasion, les juifs réfléchissent aux actions qu'ils ont commises au cours de l'année précédente.

En octobre 1945, on me fit une magnifique surprise : Otto Frank m'avait envoyé une lettre au sanatorium, indiquant qu'il souhaitait me rendre visite. Hannah Goslar lui avait dit où je vivais, et que j'avais vu Anne à Bergen-Belsen. Otto vint effectivement me voir. Je me rappelle que j'étais encore très faible, et que lui était très triste, car il avait rencontré quelqu'un pour lui confirmer la mort d'Anne et de Margot à Bergen-Belsen.

Au cours de sa visite, Otto me fit part de son projet de publier le journal d'Anne, que Miep Gies lui avait donné à son retour à Amsterdam. Cela me rappela combien Anne rêvait de ce moment quand nous étions à Bergen-Belsen, mais elle ne vécut pas assez longtemps pour voir ce jour advenir. Otto me demanda ce que je pensais de son idée. "Eh bien, si vous songez à le publier, alors vous feriez mieux de le faire" lui dis-je. La première édition du journal est parue en 1947. Otto me fit cadeau gentiment d'une copie du livre. Je l'ai par la suite prêtée à un de mes oncles, et n'en revis jamais la couleur, mais je me rappelle que la première édition avait été imprimée sur du papier journal.

Quelle tristesse qu'Anne ne soit pas en vie pour voir son rêve se réaliser. Elle était devenue une écrivaine célèbre, comme elle l'avait toujours souhaité - un moment auquel seul son père Otto pouvait assister. L'Holocauste avait détruit de nombreux rêves, et pour ceux qu'il avait épargnés, il ne restait plus de temps pour les réaliser.

L'Holocauste avait détruit de nombreux rêves, et pour ceux qu'il avait épargnés, il ne restait plus de temps pour les réaliser.

Une autre visite mémorable à laquelle j'eus droit était celle de ma tante d'Angleterre. Elle m'écrivit en janvier 1946 pour me dire qu'elle était en chemin. Je pouvais à peine contenir mon émotion et ma joie de revoir un membre de ma famille ! Ma tante avait voyagé à bord de l'un des premiers bateaux transportant des civils après la Seconde Guerre mondiale. Je me souviens de l'uniforme militaire qu'elle portait quand elle me rendit visite - elle avait travaillé en tant que secrétaire dans un club militaire juif en Angleterre.

Le fait d'avoir retrouvé ma tante me procura des frissons de joie et, en même temps, fut extrêmement difficile. Nous n'avions pas grand chose à nous dire, puisque notre famille avait été ravagée par la guerre. Ces retrouvailles représentaient tout ce qu'il restait de nous.

L'autre parent avec lequel je correspondais était un cousin vivant aux États-Unis. Je me rappelle que l'un des premiers colis que j'avais reçus à ma sortie du camp venait de lui. Il s'agissait d'un "First Aid Kit", une trousse de secours - et il était vrai que je ne possédais plus rien. La trousse contenait une brosse à cheveux, une brosse à dents, du dentifrice... des objets de toilette qui se sont avérés extrêmement pratiques. J'étais si contente de recevoir cette trousse, pas seulement pour l'aspect pratique des articles, mais aussi et surtout, parce que cela signifiait qu'il se préoccupait de mon sort. Il m'envoyait un peu d'argent pour m'aider chaque fois qu'il le pouvait.

C'est également à cette époque que j'ai rencontré certains

membres de ma famille dont je n'avais jamais entendu parler. Un jour, un soldat portant un kilt vint me rendre visite au sanatorium. Il disait que nous étions de la même famille, et qu'il voulait me rencontrer. L'arrivée de cet homme, arborant sa jupe écossaise traditionnelle au milieu du sanatorium, piqua la curiosité des infirmières, qui se mirent à le suivre tout autour du bâtiment. Il se présenta à moi en disant que nos mères étaient cousines. Il était le capitaine de la Brigade écossaise, et avait pris connaissance de la situation délicate dans laquelle j'étais grâce à des parents communs que nous avions tous deux en Belgique. Suite à cela, il décida de venir me voir et fit en sorte que son supérieur lui prête une voiture pour pouvoir conduire jusqu'en Hollande. Cette rencontre était non seulement inattendue, mais aussi extrêmement amusante !

Je n'étais pas la seule personne à qui la visite de mon "nouveau" cousin procura de la joie, les autres patients du sanatorium en profitèrent aussi. Il avait fait des provisions, pensant que celles-ci me seraient sûrement utiles : chocolats, savons en barre, et autres cadeaux s'étaient alors accumulés sous mon lit. Je faisais toujours en sorte de m'organiser pour pouvoir partager ces produits avec mes camarades du sanatorium. L'une des cousines de ma mère, qui vivait à Anvers, me rendait souvent visite. Elle m'apportait de la nourriture et des chaussettes qu'elle tricotait elle-même. Elle faisait toujours de son mieux pour me venir en aide, venant même parfois avec ses filles pour me tenir compagnie. Et, aujourd'hui encore, je suis toujours amie avec elles. Toutes ces visites sont devenues de si bons souvenirs.

Elles consistent en de petits moments de joie qui jaillissaient de cet anéantissement qui était le mien, auquel j'avais assisté ces dernières années et qui m'avait poursuivie jusqu'au sanatorium. Mes visiteurs n'étaient pas beaucoup plus nombreux, puisque la plupart des membres de ma famille étaient juifs et avaient été exterminés. Mais ces petits actes de gentillesse, tels que le cousin en kilt qui avait fait tout le trajet jusqu'en Hollande en voiture pour me rencontrer, rendaient mes jours meilleurs.

Mes visiteurs n'étaient pas beaucoup plus nombreux, puisque la plupart des membres de ma famille étaient juifs et avaient été exterminés.

J'ai revu mon cousin en 1972, en allant en Israël. Je me souviens de son air abasourdi quand il me vit, et de son réflexe de me prendre dans ses bras. Il n'en revenait pas que cette fille chétive qu'il avait vue au sanatorium avait survécu et qu'elle avait retrouvé la santé. Il me regardait comme si j'étais une miraculée, mais peut-être l'étais-je réellement.

D'autres patients du sanatorium étaient des survivants des camps de concentration eux aussi. Il y avait des patients de différents camps, et différentes histoires à raconter. On avait l'habitude de parler des horreurs que nous avions subies à l'époque, ce qui contribua également à mon rétablissement.

Au sanatorium, j'étais devenue amie avec une femme qui était juive elle aussi, et qui avait été déportée à Auschwitz. Là-bas, son travail consistait à extraire les dents en or des cadavres du camp. Un jour, les Allemands l'ont envoyée à la chambre à gaz, puisque son exploitation ne leur était plus d'aucune utilité. Elle était à l'intérieur de la chambre, sur le point d'être tuée, quand les troupes soviétiques entrèrent dans le camp. Désespérés, les gardes SS firent sortir de la chambre à gaz toutes ces personnes qui attendaient la mort, avant de les jeter dans un train à destination d'un autre camp. Son destin prit une tournure tout autre en l'espace de quelques secondes.

En Pologne, l'Holocauste avait eu lieu dans le sang et le désespoir - pas seulement dans les camps d'extermination, mais aussi à cause du sort que connut l'ensemble de la population locale. Cette histoire me rappelle l'époque où j'étudiais au lycée juif en 1941. Une de nos camarades était polonaise, et s'appelait Danka. Elle m'avait raconté que les Allemands tuaient les juifs de Pologne en les asphyxiant avec des gaz empoisonnés dans de grands camions dotés de compartiments hermétiques. À l'époque, je ne pouvais pas croire ce qu'elle me racontait, mais après tout ce que j'ai traversé, je sais à présent que cette conversation n'était qu'un prélude à ce qui était sur le point de se produire.

Au sanatorium, j'ai également fait la connaissance de patients qui avaient été envoyés en Indonésie dans des camps supervisés par les Japonais. Il s'avère que les camps de concentration n'étaient pas le seul fait des nazis de la Seconde Guerre mondiale. L'Indonésie avait été une colonie hollandaise, et après que la Hollande eut été occupée par les Allemands, les Japonais envahirent le pays et y créèrent des camps de concentration dans lesquels ils enfermaient des européens - hollandais, principalement. Ces histoires que les survivants de ces camps m'avaient racontées montrent que les Japonais étaient tout aussi violents que ne l'étaient les nazis.

Ces histoires que les survivants de ces camps m'avaient racontées montrent que les Japonais étaient tout aussi violents que ne l'étaient les nazis.

Le peuple juif est doté d'un sens aigu de la communauté, ce qui fait que des juifs de villes voisines venaient constamment nous rendre visite. Je me rappelle que cela rendait jaloux ceux qui n'étaient pas juifs. Il y avait notamment eu ce cas d'une fille juive qui souffrait de graves problèmes respiratoires. Son histoire était remontée aux oreilles de membres de la communauté juive, qui s'étaient immédiatement proposés pour payer l'opération qu'elle devait subir en Suisse. Celle-ci fut infructueuse, et ne parvint pas à sauver la vie de la jeune fille. Mais ces mêmes personnes qui avaient payé son opération lui ont tenu compagnie jusqu'à la fin de sa courte vie, et s'étaient même rendus à ses funérailles.

Aalsmeer, une ville environnante, avait décidé de s'engager pour le sanatorium, en offrant à tout le monde différentes sources de divertissement. Je me souviens des concerts qu'ils avaient organisés juste pour nous, ce qui nous rendait très heureux.

Il m'a fallu trois ans pour me sentir suffisamment bien pour pouvoir quitter le sanatorium. À peu près un an après mon admission, mon système digestif commença à fonctionner normalement à nouveau - avant cela, j'étais incapable de prendre du poids. Je me souviens du sentiment de réussite que cela me procura de peser cinquante kilos à nouveau. J'avais lutté pour ma survie. Je m'empressai d'écrire à ma tante en Angleterre pour lui faire part de ma victoire personnelle.

Après tout ce temps, j'étais inquiète à l'idée de quitter le sanatorium et de reprendre le cours d'une vie normale. Les directeurs du sanatorium s'étaient montrés réticents à l'idée de me voir partir, parce que je n'étais, selon eux, pas encore prête pour mener une vie ordinaire. D'un autre côté, je pouvais à peine supporter d'être exclue du monde un jour de plus - du fait, tout d'abord, des camps, puis de mon rétablissement. J'en avais tout simplement assez.

Le temps qu'il m'a fallu pour me remettre de cette expérience montre la brutalité avec laquelle nous étions traités à Bergen-Belsen. Cela me demanda beaucoup d'efforts et de patience pour aller de l'avant. Il m'a fallu dépasser l'abus psychologique que j'y ai subi, mais aussi la perte d'êtres chers, le vol de ma jeunesse, et les événements traumatisants auxquels j'ai assisté. J'ai également développé des souvenirs physiques du temps que j'ai passé là-bas, et qui ont dévasté mon corps - comme si l'horreur ne pouvait se résoudre à me laisser en paix.

À cette époque, j'entretenais une correspondance avec une infirmière qui avait vécu avec nous quand elle s'occupait de mon petit frère, mort très jeune d'un problème cardiaque. Face à la réticence des dirigeants du sanatorium quant à la signature de ma décharge, elle déclara : "Je suis une infirmière diplômée et si je ne peux pas prendre soin moi-même de Nanette, qui le fera ?". C'est ainsi qu'ils me laissèrent partir, grâce à elle, tout en me rappelant qu'il me fallait du repos le matin et l'après-midi pour ne pas trop perturber mon bon rétablissement.

Pour s'assurer que j'allais bien, l'infirmière m'emmena chez deux autres docteurs, afin de récolter une seconde opinion. Tous deux me dirent ce que je souhaitais entendre : "Nanette a besoin de retrouver une vie normale, de faire du vélo, de respirer l'air frais des champs, et d'essayer d'être à nouveau heureuse". Je n'arrivais pas à croire que j'allais enfin pouvoir vivre une vie libre. Quelle nouvelle magnifique !

En mai 1948, je suis allée vivre avec l'infirmière, son mari et leur jeune fils. Ils vivaient à la campagne dans un endroit sublime, où je pouvais me promener et faire du vélo dans les bois. Leur maison était en fait un immense château. Et après tout ce temps sans vie privée, j'avais la chance d'avoir ici une chambre pour moi toute seule.

Le mari de l'infirmière n'était pas content du tout que je reste chez lui, et m'adressait à peine la parole. Il était un fervent luthérien qui avait l'habitude de lire le Nouveau Testament chaque jour après le déjeuner. Ils allaient à l'église tous les dimanches, et souhaitaient à chaque fois que je les accompagne pour y jouer du piano - une offre que j'ai toujours poliment déclinée. Mais l'infirmière était très gentille avec moi et m'emmenait toujours en balade avec elle. Je lui suis très reconnaissante de m'avoir accueillie et d'avoir pris soin de moi. Son soutien s'est avéré crucial pour moi à cette époque, et m'a donné la force de poursuivre ma quête vers une vie meilleure.

J'allais mieux, mais je ne pouvais pas rester ici indéfiniment - cela n'était tout simplement pas envisageable. Je correspondais fréquemment avec ma famille en Angleterre, qui me proposa un jour de venir vivre chez elle. Ils pensaient que cela pourrait être une bonne idée. Après tout, ils étaient la seule famille proche qui me restait.

En décembre 1948, je me rendis en Angleterre passer six semaines chez mon oncle et ma tante pour voir si je m'adaptais bien à leur mode de vie. Je rentrai ensuite en Hollande pour passer quelques mois supplémentaires chez l'ancienne infirmière de mon petit frère. Ces quelques mois furent les derniers que je passai en Hollande.

J'ai déménagé en Angleterre une bonne fois pour toutes en avril 1949, afin d'y commencer une nouvelle vie.

J'ai déménagé en Angleterre une bonne fois pour toutes en avril 1949, afin d'y commencer une nouvelle vie. Ma valise était pratiquement vide. Après le cauchemar dans lequel j'avais vécu à

Bergen-Belsen, je devais recommencer ma vie à zéro et tout reconstruire.

La Hollande est mon pays natal, ce pays dans lequel je vivais heureuse avec ma famille et dont je garde les doux souvenirs de ma tendre enfance. Mais, c'est aussi en Hollande que la période la plus sombre de ma vie avait débuté. C'est le pays dans lequel j'avais dû tout laisser derrière moi, et dans lequel j'étais retournée sans ma famille, sans tous ceux que j'avais aimés.

À présent, j'avais besoin de vivre le reste de ma vie dans un autre pays. Je n'étais pas sûre de la manière dont je devais m'y prendre, mais j'étais déterminée à me battre pour me reconstruire. Après tout, je n'avais pas parcouru tout ce chemin pour abandonner maintenant. J'avais vécu une expérience absolument cauchemardesque, mais je comptais bien la surmonter. J'allais continuer de me battre.

9

UNE NOUVELLE VIE EN ANGLETERRE

Je suis arrivée en Angleterre avec toute une vie à construire. Je n'avais que vingt ans, mais six de ces années m'avaient été arrachées - une jeunesse dont je n'ai pas eu la chance de profiter dans des circonstances normales. À partir du moment où la Hollande fut occupée, j'ai vécu près de neuf ans dans la peur et l'inquiétude. À l'âge de vingt ans, presque la moitié de ma vie avait été dictée par la doctrine nazie et ses conséquences.

Maintenant que je ne vivais plus dans mon pays natal, il fallait que je prépare une vie d'adulte sans avoir connu mon adolescence. Tout à coup, je devais cesser d'être une enfant et adopter un comportement mature. Je pouvais à présent organiser mon futur, bien que ma principale source d'inquiétude soit l'argent - puisque je n'avais que l'aide symbolique que m'avait versée la Banque d'Amsterdam. Ma situation ne me permettait pas d'être dépendante de qui que ce soit : il fallait donc que je me batte pour toucher un salaire.

Je suis allée vivre chez mes tantes à Kingsbury, à Londres. Elles vivaient dans une maison qui était modeste et toute petite, dans laquelle je m'apprêtais à vivre avec mon oncle et ma tante, qui étaient mariés, et ma seconde tante, célibataire. C'était difficile : j'étais entourée par des personnes de ma famille, mais je ne pouvais m'empêcher de penser à mes parents et à mon frère. Il était presque impossible de surmonter la douleur que leur perte m'avait causée. C'était une douleur forte, logée au fond de mon cœur, sans me donner l'impression qu'elle me laisserait un jour. Tout oublier et mener une nouvelle vie me paraissait une chimère. Je pensais tout le temps à ces événements qui m'avaient dévastée.

À mon arrivée à Londres, je partageais la chambre de ma tante célibataire, un arrangement qu'il nous fallut revoir au plus vite, puisque ma tante était une dame agée qui avait ses habitudes, tandis que j'étais une jeune-fille qui souhaitait lire et s'occuper le plus possible - dormir me ramenait sans cesse au cauchemar que j'avais vécu. On m'attribua alors une chambre seule, plus petite, dans laquelle je pouvais garder la lumière allumée, lire et écrire toute la nuit si je le souhaitais.

Je n'étais pas la seule à être affectée par la disparition de ma famille. Mes tantes et mon oncle essayaient, eux aussi, de se remettre du traumatisme qui les avait anéantis. Parler de ce qu'il m'était arrivé dans le camp de concentration et de la guerre était strictement interdit dans ce foyer. Si l'on n'abordait jamais ce sujet, j'imagine que c'était parce qu'ils pensaient que, ce faisant, cela me permettrait d'en oublier le souvenir, afin que Bergen-Belsen et ces pertes ne fassent plus partie de notre réalité, comme s'ils n'avaient jamais existé. Mon oncle et mes tantes pensaient ainsi me protéger, mais leur comportement suscita en moi l'effet inverse. Être incapable de partager mes pensées et mon vécu avec les autres me fit ressentir une grande détresse.

Ceux qui n'ont jamais vécu dans un camp de concentration ne pourront jamais comprendre que, certes, vous pouvez quitter le camp, mais le camp ne vous quitte jamais - il vous devient alors impossible de retrouver la paix.

Ceux qui n'ont jamais vécu dans un camp de concentration ne pourront jamais comprendre que, certes, vous pouvez quitter le camp, mais le camp ne vous quitte jamais - il vous devient alors impossible de retrouver la paix. Toutes ces humiliations que les autres survivants et moi-même avions connues au cours de ces années étaient trop insupportables pour être purement et simplement laissées derrière nous. Certains survivants ont pu reprendre le cours de leur vie et ont réussi à se créer de nouvelles familles malgré leur traumatisme. D'autres, moins nombreux, n'en furent jamais capables et finirent par mettre fin à leurs jours. J'avais choisi la vie : j'allais continuer à avancer, malgré cette lourde charge que je portais sur mes épaules.

Même si je souffrais du silence que mes proches m'imposaient, je ne leur en ai jamais tenu rigueur. Après tout, il leur était tout aussi difficile d'affronter la tragédie que représentait la perte presque intégrale de leur famille durant la Seconde Guerre mondiale. Même s'ils avaient vécu dans un pays qui n'avait jamais été occupé par les nazis, ils avaient eux aussi souffert indirectement des conséquences de ces événements. Ma cousine, qui était sourde, me comprenait plus que n'importe quel autre de mes proches, me témoignant beaucoup de soutien.

Ma maison familiale à Londres était un foyer juif traditionnel - tout le monde y suivait les préceptes du judaïsme. Dans notre religion, nous avons pour habitude d'allumer une bougie pour les personnes décédées. De ce fait, ma tante en allumait toujours une les jours où elle estimait que mes parents, ma grand-mère, ou d'autres membres de la famille étaient morts. Je la regardais faire, songeant à la maigre consolation que cela représentait pour nous. "Je pense que tu devrais arrêter, sinon tu vas finir par allumer une bougie chaque jour de l'année, vu le grand nombre de personnes que nous avons perdues" lui ai-je un jour dit. J'ajoutai que, bien qu'il nous était impossible de parler de la guerre, partout où je regardais dans cette maison il y avait une bougie pour honorer un membre de la famille qui nous avait quittés, me rappelant toutes ces vérités que nous taisions alors.

Avant de partir pour l'Angleterre, mes tuteurs et moi-même avions conclu un arrangement : je retournerai deux fois par an en Hollande pour leur rendre visite, étant donné que j'étais toujours sous leur responsabilité. Au cours de mes visites, j'avais l'occasion de me livrer un peu plus sur ce que j'avais vécu, puisque j'étais parmi d'autres survivants des camps de concentration. Quel soulagement c'était de pouvoir ôter ce poids de ma poitrine ! Je me souviens également de l'époque durant laquelle je dormais dans la même chambre que ma cousine sourde, et qu'elle me demandait : "Tu veux savoir ce que tu dis pendant la nuit ?". Bergen-Belsen me faisait faire de nombreux cauchemars. C'était quelque chose dont je ne parvenais pas à me débarrasser. Même si ma cousine ne pouvait pas entendre ce que je disais la nuit, sa sensibilité lui permettait de comprendre la détresse dans laquelle mes rêves me plongeaient. Les cauchemars faisaient à présent partie de la vie des anciens détenus. Nos souvenirs de la guerre nous avaient particulièrement traumatisés, les nazis avaient même réussi à nous dérober nos beaux rêves.

Nos souvenirs de la guerre nous avaient particulièrement traumatisés, les nazis avaient même réussi à nous dérober nos beaux rêves.

Lors d'une de ces visites en Hollande, mon tuteur me raconta que le président de la Banque d'Amsterdam - où mon père avait travaillé - avait refusé de m'envoyer l'argent en Angleterre, comme je l'avais demandé avant mon départ. J'étais la seule personne à pouvoir régler cette affaire qui était ni plus ni moins scandaleuse.

Le pire dans cette histoire, c'était que j'avais vraiment besoin de cet argent, même si la somme était maigre : il me fallait donc trouver une solution à ce problème. Je devais me rendre à la Banque Centrale pour parler au président, afin qu'il réalise ce virement vers l'Angleterre. Et qui était le président de la banque ? Eh bien, à mon grand regret, son nom ne m'était pas inconnu. Il était le mari de l'avocate qui avait dénoncé ma famille, prétendant de nous venir en aide avec la copie du certificat de naissance sudafricain de ma mère. Elle avait empoché l'argent, sans jamais avoir accompli ce pour quoi nous l'avions sollicitée. "Bonjour, ma chérie !" me dit-il en m'embrassant. "Quel plaisir de te revoir !". Pour ma part, ce n'était pas du tout le cas, et j'entendais bien lui faire comprendre : "Si vous ne me donnez pas ce qui me revient de droit, je dirai à tout le monde ce que je sais !". Il ne m'a pas embrassée en partant, mais ma déclaration m'avait suffit pour obtenir ce que je voulais.

J'ignore comment j'ai réussi à rassembler tout mon courage pour me comporter de la sorte dans le bureau du président de la Banque Centrale, mais je n'avais rien à perdre. Je me rappelle qu'au retour de mon rendez-vous à la banque, mon tuteur s'était adressé à moi et m'avait dit : "Je ne sais pas comment tu t'en es sortie, mais je sais ce dont tu es capable". Je lui avais répondu par un sourire, avant de lui annoncer qu'à présent, il n'aurait plus à s'inquiéter pour mon argent.

Je suis arrivée à Londres en avril 1949. Ma tante voulait que j'étudie, donc qu'elle m'inscrivit au Queen's College de la rue Harley. Il s'agissait d'une école réservée aux jeunes femmes riches qui venaient de terminer le lycée - ce qui était l'opposé de ma situation. J'ai insisté auprès de ma tante pour trouver un travail à la place, et gagner de l'argent : je me suis donc inscrite en école de secrétariat, ce qui me permit d'obtenir un diplôme et de travailler en tant que secrétaire.

Dès l'obtention de mon diplôme, j'ai commencé à chercher un travail. Après tout, ce n'est pas avec l'aide financière maigre que je recevais de la Banque d'Amsterdam que j'allais subvenir à mes besoins. J'étais déterminée à trouver un travail toute seule, sans l'aide de personne, et ai donc postulé pour travailler à la banque - en espérant que mon diplôme suffirait pour décrocher un poste. On me fit passer un entretien d'embauche. L'homme qui me reçut pour cet entretien me dit alors : "Nous ne recrutons que les candidats en possession d'une lettre de recommandation. Qui est la personne qui vous envoie ici ?". Comment pouvais-je avoir un référent ? Une fois encore, je ne demanderai l'aide de personne. Je répondis simplement : "Je suis Hollandaise". L'homme me fixa du regard et, au moment où je pensais qu'il me dirait : "Eh bien, bonne journée", il me dit : "Mademoiselle, quand vous avez passé cette porte, le directeur et moi avons fait un pari : il était certain que vous étiez la fille de Martijn Willem Blitz, de la Banque d'Amsterdam. Et il aimerait savoir s'il était le gagnant de ce pari... Êtes-vous cette même personne ? Êtes-vous la fille de Martijn Willem Blitz ?".

C'est ainsi que j'ai obtenu mon premier poste, grâce à mon propre mérite, tout en sachant combien ce serait difficile. Cependant, même si j'étais consciente du fait que mon père était un homme très connu et respecté dans le secteur de la banque, ce n'est qu'à partir de ce moment-là que je compris toute l'influence qu'il avait eue. Je n'ai fait qu'acquiescer, ce à quoi l'homme qui me faisait passer l'entretien répondit : "Mademoiselle, ce travail est devenu le vôtre à l'instant-même où vous avez mis un pied dans cette banque". Mon père était, somme toute, une référence de poids.

Après tout ce que j'avais traversé dans ma vie, j'étais déterminée à ne solliciter l'aide de personne. Je savais que je ne pouvais compter que sur ma famille et sur quelques amis proches. Dans ce cas précis, j'avais reçu l'aide de mon regretté père, même s'il n'était plus parmi nous. Martijn Willem Blitz avait peut-être été la victime d'un destin cruel, son héritage vivait encore.

C'était un si grand soulagement d'avoir obtenu ce poste de secrétaire bilingue à la banque. Au moins, cela me permettait de toucher un salaire. C'est ensuite mon tuteur qui me conseilla de mettre un terme aux virements que me faisait la Banque d'Amsterdam et, malgré tout, de les remercier pour leur "aide". J'étais scandalisée, mais je le fis pour mes tuteurs.

Je venais de commencer mon travail, et avec la petite somme que je recevais, je pouvais me permettre quelques "achats de luxe" pour ajouter un peu de confort à mon quotidien. La première chose que j'ai achetée avec mon salaire était un chauffage portatif, un article de première nécessité face aux hivers londoniens. Je l'avais apposé au mur au-dessus de mon lit, n'ayant plus beaucoup d'espace dans ma petite chambre. J'avais également acheté une garde robe, dans laquelle je rangeais les quelques vêtements que je possédais. Toutes ces choses étaient pour moi de petites victoires, des choses dont j'étais fière.

Je vivais ma vie, et il me semblait que les choses commençaient à s'améliorer. Pourtant, je continuais de me sentir comme un poisson hors de l'eau ici à Londres. En Angleterre, les jeunes avaient été très peu tenus au courant de ce qu'il était advenu de la communauté juive d'Hollande durant la Seconde Guerre mondiale - tout comme ceux du reste de l'Europe, d'ailleurs. L'information ne pouvant être diffusée aussi rapidement qu'elle l'est aujourd'hui, la plupart des gens ignorait toujours certains détails de l'Holocauste, comme si rien ne s'était jamais passé. De ce fait, il m'était difficile de trouver ma place, et j'avais l'impression de ne rien avoir en commun avec cette jeunesse qui ignorait tout de ce que j'avais vécu. Les jeunes ne savaient même pas que cela avait eu lieu.

L'information ne pouvant être diffusée aussi rapidement qu'elle l'est aujourd'hui, la plupart des gens ignorait toujours certains détails de l'Holocauste, comme si rien ne s'était jamais passé.

Je n'avais pas beaucoup d'amis, mis à part un groupe de jeunes juifs avec lesquels je sortais quelques fois. Quand je n'étais pas au travail, je passais la plupart de mon temps avec ma famille, ce qui était un peu préoccupant, dans la mesure où j'avais presque vingt-ans à l'époque. Mes tantes et mon oncle ont alors commencé à m'encourager à sortir un peu plus pour que je puisse avoir une vie normale - ce qui signifiait aussi rencontrer un beau jeune homme avec lequel je pourrais éventuellement fonder une famille.

Après tout ce que j'avais vécu ces dernières années, tous ces êtres chers que j'avais perdus, mener une vie normale était quelque chose de très difficile. Comment aurais-je pu laisser tout cela derrière moi et prétendre que j'étais une jeune fille ordinaire et insouciante en Angleterre ? Malgré tout, je faisais de mon mieux pour faire plaisir à mon entourage et ne pas leur causer de souci.

C'est à ce moment-là que le frère d'un patient du sanatorium de Santpoort - dont le père vivait à Londres - m'invita à une réunion sur le sionisme, destinée aux jeunes gens. Je décidai de m'y rendre pour faire plaisir à ma tante. Je n'avais pas particulièrement hâte, mais je ne voulais pas laisser tomber mes proches.

Je venais de me mettre en route, avant de me rendre compte que je ne suivais pas la bonne direction. Par chance, j'avais croisé la route d'un agent de police qui m'accompagna jusqu'à destination. "Mademoiselle, vous devriez prendre quelques renseignements pour votre trajet retour", me dit-il, "pour ne pas vous perdre à nouveau, et errer toute seule dans les rues de la ville". Après la réunion, j'entendis un groupe de jeunes dire qu'ils se dirigeaient vers Golders Green, où il y avait une station de métro depuis laquelle je connaissais la route pour rentrer chez moi. "Puis-je me joindre à vous ?" demandai-je au groupe, avant qu'un jeune homme sympathique se propose de me raccompagner.

J'acceptai sa proposition pour ne pas me perdre. Nous venions d'arriver à la station de métro, et il s'empressa de me demander. "Tu as un petit-ami ?". Quand je lui ai dit que je n'en avais pas, il me pondit une réponse tout aussi vulgaire que surprenante : "Eh bien, de toutes manières, tu n'es pas vraiment mon style". Qu'est-ce qu'il était effronté... mais cette rencontre ne fut pas la dernière. En arrivant chez moi, je retrouvai ma tante qui était impatiente de connaître chaque petit détail de la sortie de sa nièce. Elle me posa quelques questions sur la réunion, et je lui dis que j'avais rencontré un jeune homme, ce qui ne fit qu'accroître son niveau de curiosité.

Une semaine plus tard, alors que je remontais l'avenue Fitzjohn vers la station de métro Hampstead avec un oncle qui était venu d'Hollande pour rendre visite à un membre de la famille malade, je tombai par hasard sur le gars de la réunion sioniste. Il me courut après pour me demander si j'étais la jeune femme qu'il avait rencontrée l'autre jour, ce à quoi je répondis oui. Nous nous étions quittés sur ces paroles, mais mon oncle s'était empressé de rapporter à mes tantes que j'avais une relation amoureuse dont personne ne savait rien, même pas moi.

Le jeune homme avait rapidement trouvé mon adresse ainsi que notre numéro de téléphone. Un jour, il m'appela pour m'inviter à sortir avec lui. Il voulait me voir ce vendredi soir. Et soudainement, j'étais devenue "son type"... Je rétorquai que je ne pouvais pas, puisque dans notre famille nous ne sortions pas le vendredi soir, étant donné que nous étions un foyer juif traditionnel et que le vendredi était notre Shabbat - le jour de repos pour les juifs. Insatisfait de la réponse qui lui avait été donnée, il me rappela, à la banque cette fois-ci, pour réitérer son invitation. Je ne pouvais pas m'en empêcher, alors je lui dis : "Tu as mené une véritable enquête sur ma vie, n'est-ce pas ?". J'ai appelé ma tante dans la foulée pour lui expliquer ce qu'il se passait, et elle m'a suggéré d'accepter son invitation. Si je ne l'appréciais pas, je n'aurais plus à le revoir ensuite.

À l'époque, les relations amoureuses étaient très différentes de ce qu'elles sont aujourd'hui. Vous ne pouviez pas sortir avec quelqu'un sans que vos parents ne le sachent en premier lieu - surtout dans une famille juive. Quand ma tante m'autorisa à le voir, elle avait suffisamment d'informations pour savoir qu'il était un garçon à la hauteur de sa nièce. Le garçon en question était juif lui aussi, et s'appelait John Konig. John venait d'une famille hongroise, et avait déménagé en Angleterre avec ses parents en 1935. En 1939, quand la guerre éclata, on proposa à la famille de John de retourner en Hongrie, mais leur père fit le choix de rester en Angleterre : même s'ils ne s'étaient pas vraiment sentis les bienvenus ici, cela leur évitait au moins d'être déportés depuis la Hongrie vers un camp de concentration où ils auraient été gazés.

John était encore un enfant quand sa famille déménagea en Angleterre, c'est donc là qu'il avait fini l'école. Il entra à l'université à l'âge de seize ans et en ressortit diplômé en ingénierie mécanique. Tout comme moi, il savait ce que c'était que de perdre sa famille. Quand nous nous sommes rencontrés, ses deux parents étaient déjà morts - il n'avait que vingt ans quand il perdit son père d'un cancer des poumons, sa mère était morte peu de temps après, des suites d'un cancer du sein.

Une partie de la famille de John avait déménagé au Brésil en 1930 et, puisqu'il était resté seul en Angleterre, ses proches insistaient pour qu'il les y rejoigne. Nous avons commencé à nous fréquenter six semaines seulement avant le départ de John pour le Brésil, en septembre 1951. Il avait déjà acheté un aller simple, prêt à s'en aller pour commencer une nouvelle vie au brésil.

Obtenir un visa brésilien n'était pas une tâche aisée pour John, puisqu'il était juif. À l'époque, le gouvernement brésilien, sous le commandement de Getúlio Vargas, était antisémite.

Obtenir un visa brésilien n'était pas une tâche aisée pour John, puisqu'il était juif. À l'époque, le gouvernement brésilien, sous le commandement de Getúlio Vargas, était antisémite. Il s'avère néanmoins que l'un des cousins de John était à l'époque le directeur de l'Institut Biologique de l'État du Minas Gerais, dont le gouverneur était Juscelino Kubitschek. Le cousin de John expliqua alors la situation au gouverneur, qui lui transmit sa carte de visite et ses recommandations, de sorte que le visa puisse être délivré. Le cousin de John se rendit également à Rio de Janeiro et demanda de l'aide à l'un des cousins de sa femme qui était sénateur et qui pourrait certainement accélérer ce processus au Ministère des Affaires Étrangères.

Quand il montra la carte de Kubitschek au Ministère, l'un des employés lui révéla enfin ce qu'il se tramait. "Vous savez, la raison pour laquelle le visa de votre cousin est en attente, c'est parce qu'il est juif", lui dit-il. Le cousin de John n'en croyait pas ses oreilles. "Eh bien, je suis juif et je suis le directeur de l'Institut Biologique de l'État du Minas Gerais, donc je ne comprends pas ce qu'il se passe ici !" rétorqua-t-il. L'employé ne savait plus ce qu'il devait faire ou dire, et répondit qu'il s'agissait d'une erreur. Sans s'excuser, il lui remit le visa de John.

John ignorait tout ce que sa famille avait mis en œuvre pour qu'il puisse se rendre au Brésil. Il dit que s'il l'avait su à l'époque, il ne serait jamais parti. De nombreux juifs avaient eu une expérience similaire quand ils prirent la décision d'emménager ici. Le comportement du président Getúlio Vargas était antisémite, façonné à partir de celui de Benito Mussolini, le dictateur italien qui avait été un allié des nazis pendant la Seconde Guerre mondiale, ainsi qu'un sympathisant d'Hitler lui-même. À l'époque, si les juifs souhaitaient se rendre au Brésil, ils étaient dans l'obligation de payer ou de se convertir au catholicisme.

À l'époque, si les juifs souhaitaient se rendre au Brésil, ils étaient dans l'obligation de payer ou de se convertir au catholicisme.

En tant que petite-amie de John, je n'avais pas le droit de

traverser l'Atlantique pour emménager au Brésil avec lui, donc notre relation s'est développée par le biais de lettres que nous ne cessions de nous écrire. Nous nous sommes envoyé de très, très nombreuses lettres du temps que nous étions loin l'un de l'autre - des lettres que John et moi avons conservées avec le soin le plus tendre. Notre relation se fortifiait, jusqu'au jour où John exprima dans l'une de ses lettres d'avril 1953 le souhait de m'épouser. Je l'aimais beaucoup, mais appréhendais un peu l'idée de me marier et de fonder une famille. Qui pouvait réellement me garantir que ce qu'il m'était arrivé n'arriverait jamais à mes enfants un jour ? Je serai incapable de revivre tout cela une nouvelle fois.

Une fois ma peur surmontée, j'ai trouvé que c'était exactement ce que je voulais faire : je voulais épouser John Konig. Pour ce faire, j'allais avoir besoin d'un visa brésilien, puisque John travaillait dans ce pays et que nous nous apprêtions à y commencer une vie de famille. Je devais retourner en Hollande afin de finaliser quelques arrangements pour mon départ officiel du pays. À Amsterdam, mon tuteur m'avait conseillé d'être en bons termes avec le Centre des impôts. Il avait préparé un dossier traitant de mon cas, ce qui n'avait pas dû être une tâche facile. Puis je me suis rendue au Consulat brésilien pour déposer ma demande de visa, en espérant que celui-ci me serait remis dans les plus brefs délais.

Ma première tentative fut un échec. Quelques temps après, j'achetai une jolie boîte de chocolats à l'une des secrétaires, qui me présenta ensuite au consul. Il me dit alors qu'il pouvait m'aider, mais qu'il s'écoulerait peut-être au moins six mois avant que mon visa ne me soit remis. Il allait présenter mon cas dans la Cour de la Haye, puisque quelqu'un là-bas lui devait un service - cela accélérerait la procédure. Le consul finit, en réalité, par me demander de sortir avec lui, ce à quoi je me suis immédiatement opposée, tout en gardant un œil sur le cours des choses. J'ai finalement obtenu mon visa au bout de six semaines, et était à présent libre de rejoindre mon futur mari sur cet autre continent. Toutefois, on me pria de ne remplir aucun document sur ma religion, afin d'éviter tout problème.

Une fois mon visa en poche, tout était réglé : j'allais me marier et commencer une nouvelle vie à l'étranger, dans un pays où je ne connaissais personne, mis à part mon futur mari et ses proches. À mon retour à Londres, je me suis mise à chercher une petite robe de mariée. John avait gardé le voile de sa mère, voile qui deviendrait plus tard une tradition familiale, puisqu'il allait être utilisé par toutes les femmes mariées de la famille.

John et moi nous sommes mariés civilement en juillet 1953, avant de célébrer notre union à la synagogue peu de temps après, au début du mois d'août. J'ai insisté pour tout payer de ma poche, une décision que j'ai par la suite regrettée puisque mon oncle souhaitait me faire cadeau de la cérémonie. J'étais trop fière, et ai refusé, parce que je ne voulais recevoir l'aide de personne.

Une fois le voile revêtu, au seuil de la synagogue, ma tante se tourna vers moi, ôta ses boucles d'oreille et me les tendit. "Mets les. Sinon, personne ne verra qu'il y a une mariée sous ce voile", me dit-elle. J'entrai dans la synagogue, et n'y vis personne de ma famille proche, et c'est comme si tout ce qu'il s'était produit resurgissait devant mes yeux - tout ce que j'avais perdu, ceux que j'avais aimés et qui n'étaient plus là pour partager ce moment de bonheur avec moi. J'étais sous le choc, et une même pensée tournait en boucle dans ma tête. *Pourquoi fais-tu cela ? Pourquoi voudrais-tu avoir une famille ? Pour la perdre à nouveau ?* En voyant John qui m'attendait à la bema - l'autel de la synagogue - j'ai de suite compris que j'étais entre de bonnes mains et que je pouvais lui faire confiance.

> *J'entrai dans la synagogue, et n'y vis personne de ma famille proche, et c'est comme si tout ce qu'il s'était produit resurgissait devant mes yeux - tout ce que j'avais perdu, ceux que j'avais aimés et qui n'étaient plus là pour partager ce moment de bonheur avec moi.*

J'étais très triste de célébrer mon mariage sans mes parents et mon frère. Ils me manquaient terriblement en ce moment de ma vie qui était si important. Malgré cela, j'étais si heureuse de pouvoir commencer cette nouvelle étape de ma vie dans ce pays qui m'était encore étranger, loin des souvenirs de Bergen-Belsen et de la Seconde Guerre mondiale.

Après notre mariage en Angleterre, nous sommes retournés en Hollande pour organiser une fête avec les quelques proches et amis qu'il me restait là-bas, et pour revoir les tuteurs. De plus, je devais me rendre à la Banque centrale pour récupérer les documents qu'il me fallait pour émigrer, chose que je ne pouvais faire qu'un jour avant mon départ, quelques minutes à peine avant qu'elle ne ferme. J'étais si épuisée de tout ce qu'il s'était passé, à la fois avec cette banque et plus largement en Hollande, qu'une fois les papiers en main, je me fis la promesse de ne plus jamais remettre les pieds dans ce pays.

Après avoir fêté mon mariage en Hollande et mis de l'ordre dans ma paperasse, John et moi sommes partis pour le Brésil, désireux de commencer une nouvelle vie, dans un nouveau pays. J'étais en route vers un pays dans lequel je ne connaissais personne, sauf mon mari et sa famille - un pays sans Westerbork, sans Bergen-Belsen ni aucun de ces souvenirs amers qu'il me restait de l'occupation nazie.

Mais je n'ai pas tenu ma promesse, je suis bel et bien retournée en Hollande. Huit ans après mon départ, j'étais de retour dans mon pays natal. Mon tuteur avait été très contrarié de mon absence toutes ces années. "Je ne t'ai rien fait, moi" m'avait-il dit.

À ce moment-là, j'ai réalisé qu'il avait raison. Je ne l'avais pas traité avec le respect qui lui était dû. Même si nous nous écrivions régulièrement, j'ai mis trop de temps à me décider à aller le voir.

Être dans un nouveau pays signifiait tout reprendre à zéro. Les horreurs que j'avais traversées m'avaient laissé des blessures inguérissables. Jamais je ne serai capable d'oublier ce qu'il m'est arrivé : cette profonde douleur était une sensation inoubliable. Je ressentirai à jamais l'absence de ma famille, et celle que j'ai par la suite fondée ne me permettra pas de balayer les cendres laissées par l'Holocauste. L'Holocauste faisait partie de mon histoire, et je ne pourrai jamais le laisser derrière moi.

10

RECOMMENCER

La vie dans l'Europe d'après-guerre n'était guère aisée. Le continent entier avait été dévasté par les batailles et essayait à présent de se relever. On ne se contentait pas de reconstruire les immeubles, les ponts, comme c'était le cas en Hollande : ce sont aussi des quotidiens par milliers qui ont été rebâtis, et ce après que des millions de personnes périrent au cours du conflit et que le destin de ceux qui survécurent fut altéré à jamais.

John et moi essayions de construire une vie nouvelle, très loin de toutes ces pertes que nous avions connues en Europe. J'avais été mise à terre par l'Holocauste, tandis que John avait perdu ses deux parents d'un cancer. Si nous avions laissé de la famille derrière nous en Europe, nos fantômes n'étaient jamais bien loin. Et même si je savais que je ne pourrai jamais m'en défaire, recommencer ma vie autre part était un soulagement.

À notre arrivée à São Paulo, au Brésil, mon mari avait déjà trouvé un travail dans une entreprise. Quitter l'Angleterre signifiait aussi que j'allais devoir quitter mon poste à la banque, puisque ma nouvelle priorité était devenue la famille que nous avions créée ensemble. Je n'étais pas pressée de retourner travailler. Notre histoire au Brésil était synonyme d'un nouveau départ : notre première fille, Elizabeth Hélène, est née en juin 1954.

À la naissance d'un premier enfant, il est totalement normal de se sentir déstabilisé devant ce nouveau monde qui s'ouvre à vous, compte tenu des responsabilités que vous prenez. J'aurais souhaité que ma mère soit près de moi à ce moment-là pour qu'elle me donne ses conseils et qu'elle m'aide à entrer dans l'univers de la maternité. Mais cela ne se produira jamais, et j'allais devoir tout apprendre par moi-même.

Ce n'était pas chose facile que de vivre au Brésil, notamment parce que nous vivions à trois avec le seul salaire de John et que l'inflation grandissait. On lui a ensuite proposé un poste dans une entreprise multinationale à New York, donc nous avons déménagé aux États-Unis en décembre 1956, déterminés à tout recommencer une nouvelle fois en Amérique du Nord. Notre seconde fille, Judith Marion, est née là-bas en septembre 1957. Malheureusement, nous avons dû déménager à nouveau à cause du travail de John. En janvier 1959, nous sommes partis pour l'Argentine, où nous avons vécu brièvement pendant cinq mois.

Vivre en Argentine n'était pas guère plus aisé. Juste avant notre arrivée dans le pays, en 1955, le président Juan Domingo Perón avait été renversé par un coup d'État, avant de demander asile au Paraguay, pour finalement partir en Espagne. L'Argentine était un pays instable au moment où nous nous y sommes rendus, et la politique est un élément qui influence fortement la vie des gens - ma propre histoire était une conséquence directe de changements politiques et historiques. En mai 1959, nous sommes retournés à São Paulo, où John a créé sa nouvelle entreprise. Notre fils, Martin Joseph, y est né en 1962.

C'est en retournant à São Paulo que nous avons décidé de ne plus nous en aller, et que nous nous y sommes installés. Je me suis rapidement réhabituée à parler portugais. Je me rappelle que mes enfants venaient d'entrer à l'école, et qu'ils trouvaient mon accent assez étrange. Ils me disaient souvent que je parlais avec un drôle d'accent, et ne voulaient pas que je parle devant leurs amis. J'avais commencé à lire le journal et à souligner les mots que je ne connaissais pas pour pouvoir ensuite leur demander ce qu'ils signifiaient. "Eh bien, pouvez-vous me dire ce que veut dire ce mot

?", leur demandais-je souvent. Bien entendu, il s'agissait de mots complexes, les enfants ne savaient pas ce qu'ils signifiaient, mais cela leur coupa l'envie de me dire à nouveau que j'avais un drôle d'accent.

Après la naissance de mes enfants, j'ai décidé de devenir mère au foyer à plein temps afin de pouvoir m'occuper de leur éducation. Ce faisant, je m'assurais qu'ils ne pensaient pas que quelque chose manquait dans notre famille. Mais je savais bien qu'un jour ils se rendraient compte que toute une génération manquait à l'appel.

Comme je l'avais senti, l'inévitable arriva. "Où sont-ils ? Pourquoi n'avons-nous pas de grands-parents comme peuvent en avoir les autres enfants ?". J'essayais d'expliquer ce qui était inexplicable, mais cela ne semblait pas les satisfaire. Notre histoire familiale les avait vraiment traumatisés, ils n'étaient que des enfants après tout.

La tante de mon mari, tout comme mes tantes d'Angleterre, faisaient de leur mieux pour gâter les enfants, autant en cadeaux qu'en petites attentions, mais elles n'étaient pas des grands-mères. Et, lorsqu'il nous arrivait de passer nos vacances en Angleterre, je ne pouvais rien dire quand ils m'interrogeaient sur les raisons pour lesquelles notre famille avait été décimée, puisque mes tantes et mon oncle avaient décidé de taire à jamais la question des camps et de nos pertes.

Mes enfants grandissaient, et commençaient à vouloir lire des récits sur l'Holocauste. On ne leur avait rien appris à ce sujet à l'école - c'était comme si cela n'avait jamais existé, comme si cela n'avait jamais fait partie de l'Histoire. Ils n'ont pas fréquenté d'école juive, puisque John et moi-même avions décidé de les mettre dans une école anglaise, de sorte qu'ils deviennent bilingues. Ce fut une épreuve pour notre famille, ainsi que pour nos enfants qui étaient si jeunes, mais à qui cette expérience bénéficia grandement.

Mon mari voyageait beaucoup à cause de son travail, donc c'était moi qui m'occupais de l'éducation de nos enfants. Son entreprise lui avait proposé un poste à Hong Kong, en Chine, mais il refusa, parce qu'il voulait apporter aux enfants un sentiment de stabilité et participer à leur éducation au lieu de bouger constamment. À la place, il trouva un poste de cadre à São Paulo qu'il exerça pour les seize années à venir.

John occupait un bon poste dans l'entreprise, mais nous devions constamment faire attention à notre argent. Je l'aidais à mettre de l'argent de côté et, par exemple, je faisais en sorte de m'occuper de tout lorsque nous fêtions l'anniversaire des enfants, qu'il s'agisse du gâteau ou des activités pour leurs invités.

Même si je menais une vie de famille heureuse, j'étais incapable d'oublier ce que j'avais subi pendant ces années dans le camp de concentration. Les survivants avaient commencé à souffrir de ces traumatismes le jour même où ils ont mis un pied en dehors du camp. Mes habitudes alimentaires en ont été changées à jamais à cause de Bergen-Belsen : à ce jour, il m'est encore impossible de manger des pâtes, de la nourriture frite, du pain blanc, ou quoi que ce soit en trop grande quantité. Plus tard dans ma vie, j'ai dû subir une opération chirurgicale à chacun de mes genoux car le cartilage s'en était érodé. Selon certains médecins, mes problèmes étaient dus à une malformation de mes os, du fait de leur développement inégal à un âge si crucial pour la croissance et le développement de l'être humain.

Mon corps avait immensément souffert des effets du camp, mais je pense que les pires traumatismes sont ceux que je porte jusqu'à ce jour dans mon âme.

Mon corps avait immensément souffert des effets du camp, mais je pense que les pires traumatismes sont ceux que je porte jusqu'à ce jour dans mon âme. Je ne peux oublier les horreurs par lesquelles je suis passée pendant toutes ces années. C'était comme un film tournant en boucle dans ma tête, incapable d'effacer ce qu'il s'était produit.

En dépit de ces souvenirs terribles, j'étais suffisamment forte pour continuer d'avancer. Il m'avait fallu être forte pour vivre malgré les démons et la tristesse que je portais en moi. Tous les survivants de l'Holocauste ont été traumatisés par cette période de notre vie, et chacun de nous devait faire face à ses propres fantômes. Je ne suis jamais retournée à Bergen-Belsen - je ne pourrai jamais y remettre les pieds.

Je ne suis jamais retournée à Bergen-Belsen - je ne pourrai jamais y remettre un pied.

C'est la raison pour laquelle je remplissais au maximum mes journées, jouant un rôle actif dans l'éducation de mes enfants et prenant soin de la maison pendant que mon mari était au travail. Je me rappelle que, quand les enfants étaient petits, je les emmenais partout : aux leçons de piano, de natation, toutes les activités qui leur faisaient envie. Une fois adultes et eux-mêmes devenus parents, je pris la décision de réaliser l'un de mes rêves : obtenir un diplôme de l'université. Mon père était allé en faculté de droit, mais j'avais choisi l'économie à la place.

Dans les années 1980, j'ai été admise à l'Université Catholique Pontificale de São Paulo pour y étudier avant de me spécialiser. Cela faisait longtemps que je n'avais plus été dans un environnement scolaire, mais j'avais étudié pendant toute une année pour pouvoir présenter le concours d'entrée et me focaliser sur mes cours, ce qui ne faisait que montrer la qualité des enseignements que j'avais suivis chez moi et au lycée juif. J'ai toujours été fière de l'éducation que John et moi avons donnée à nos enfants, et avais certainement été inspirée par la manière dont mes propres parents m'avaient éduquée. Ils m'avaient peut-être été arrachés quand j'étais très jeune, mais je porterai toujours leur héritage et leur caractère en moi.

Mes enfants ont, eux aussi, été en mesure de mener une belle vie, malgré leurs cicatrices. L'Holocauste est quelque chose qui marque des familles entières, et il est impossible d'effacer un tel événement de l'histoire de quelqu'un. Mes enfants en ont souffert, mes petits-enfants commençaient à comprendre la nature de ce traumatisme familial, et mes arrières-petits-enfants après eux. Il n'y a aucune échappatoire.

Au moment où je pensais que j'avais suffisamment enduré de choses difficiles pour le restant de mes jours, et que j'avais surmonté toutes les pertes auxquelles il me serait donné d'assister, le destin me fit vivre un nouvel événement tragique : en 2003, j'ai perdu l'un de mes petits-fils dans une avalanche au Canada, où il vivait avec sa famille. Son école avait organisé une sortie scolaire et, dans un élan d'irresponsabilité totale, on avait autorisé certains étudiants à faire de la randonnée sur un territoire extrêmement dangereux. Quatorze étudiants avaient choisi de participer à cette sortie, mais seuls sept d'entre eux en sont revenus vivants. À ce jour, rien n'a été fait et l'école n'a jamais été punie pour son irresponsabilité criminelle.

Au moment où je pensais que j'avais suffisamment enduré de choses difficiles pour le restant de mes jours, et que j'avais surmonté toutes les pertes auxquelles il me serait donné d'assister, le destin me fit vivre un nouvel événement tragique : en 2003, j'ai perdu l'un de mes petits-fils.

Ce fut un événement tragique pour toute la famille. Tout le monde en avait été profondément affecté. Il était le fils de ma fille cadette, Judith Marion, et n'avait que quinze ans. Je ne pensais pas qu'il m'était possible de supporter autant de douleur en une vie, et cette perte avait eu des conséquences désastreuses sur ma fille.

Judith était très bouleversée par la situation. "Maman, comment as-tu fait pour surmonter tout ce qu'il t'est arrivé dans ta vie, et toute la douleur que cela a créée en toi ?" me demanda-t-elle un jour. Je ne savais pas quoi lui répondre, parce qu'à l'époque, je ne pouvais partager avec personne le mal qui m'accablait. À l'époque où l'on m'avait libérée du camp de concentration, personne ne s'intéressait à ce qu'avaient subi les survivants - le sujet n'a été amené que bien plus tard. Pourtant, je pense qu'aucun psychologue n'aurait pu m'aider à comprendre ces années passées dans un camp de concentration que je ne l'ai fait moi-même. Après tout, comment peut-on comprendre l'incompréhensible ? Quelqu'un qui n'a jamais vécu l'horreur d'un camp de concentration ne peut se rendre compte de ce que c'était.

Après tout, comment peut-on comprendre l'incompréhensible ?

Quelqu'un qui n'a jamais vécu l'horreur d'un camp de concentration ne peut se rendre compte de ce que c'était.

J'avais déjà soixante ans quand j'ai décidé de m'exprimer au sujet de l'Holocauste. J'avais eu ma première discussion en 1999, à l'époque où ma petite-fille allait à l'université dans le Michigan. Elle pensait que cela pourrait être intéressant que je partage mon histoire avec elle. Suite à cela, il m'a fallu du temps pour devenir une oratrice, cela ne s'est pas produit en une nuit.

Une des raisons qui m'a poussée à parler de ce que j'avais vécu était le fait que très peu de personnes savaient ce qu'il était arrivé aux juifs en Hollande. Il y avait cette fausse croyance selon laquelle la Hollande avait été un "sanctuaire juif" - tout le contraire de ce que s'étaient avérées être l'Occupation et les déportations.

Les survivants polonais parlaient beaucoup de l'Holocauste, étant donné que c'est en Pologne que la plupart des morts avaient eu lieu. Sur les six millions de décès enregistrés, près de la moitié de ces individus étaient des juifs polonais. Cependant, il fallait aussi parler des autres victimes, c'est ainsi que j'ai décidé de partager mon histoire.

En 2001, je suis retournée en Hollande pour y retrouver les survivants du lycée juif d'Amsterdam. Tout comme moi, certains survivants avaient connu les camps de concentration, tandis que d'autres avaient échappé à la mort en fuyant les nazis. Au cours de cette réunion, j'ai revu Theo Coster, qui m'invita à retourner en Hollande en 2008 pour réaliser un documentaire sur son histoire et ses camarades de classe. Plus tard, son documentaire est devenu un livre, *En classe avec Anne Frank*. Cependant, tout le monde n'avait pas accepté de participer - tout le monde n'avait pas souhaité revenir sur son passé.

Au cours de ce voyage, nous avons emprunté ensemble le chemin des souvenirs pour aider Theo dans son projet. Nous avons beaucoup parlé du temps que nous avions passé au lycée juif, du moment où nous sommes devenus amis avec Anne Frank, et avons échangé nos expériences personnelles de l'Holocauste. Nombreuses furent nos pertes durant cette sombre période de l'histoire. Dans le cadre du documentaire, nous avions également visité le camp de transit de Westerbork. Je m'y étais rendue avec Theo et mon mari, et avait été surprise de constater combien ils avaient transformé ce lieu si triste en un parc verdoyant où les enfants pouvaient faire de la bicyclette. Mais le sourire de ces enfants ne parvenait pas à balayer la peine immense que tant de juifs hollandais et moi-même avions vécue ici. La majorité de ceux qui avaient été déportés n'avait jamais eu la chance de revenir pour visiter les lieux, comme ce fut le cas pour mes parents et pour mon frère.

Aujourd'hui, je sillonne les écoles et les universités du Brésil pour parler de mon passé. Je voyage beaucoup dans le cadre de mon travail. Les histoires que j'ai à raconter ne sont pas drôles, surtout pas pour moi. Mais je continue de les dire au nom de tous ceux qui ne sont plus là pour les exprimer, au nom de tous ceux qui ont perdu la vie dans la brutalité et l'incompréhension les plus vastes à l'époque où l'Europe était dominée par la doctrine nazie.

Je continue de les dire au nom de tous ceux qui ne sont plus là pour les exprimer, au nom de tous ceux qui ont perdu la vie dans la brutalité et l'incompréhension les plus vastes à l'époque où l'Europe était dominée par la doctrine nazie.

J'apprécie beaucoup le fait de parler devant un public, surtout quand il s'agit d'un public jeune, puisque la Seconde Guerre mondiale est un sujet qui leur est à présent si lointain et si abstrait. Pourtant, cela ne fait même pas un siècle. Les jeunes ressentent un réel impact quand ils ont quelqu'un en face d'eux qui leur explique l'histoire telle qu'ils l'ont vécue.

Jamais je ne serai en mesure d'accepter et de surmonter ce qu'il m'est arrivé, mais je continuerai d'en parler pour le restant de mes jours, pour que personne ne puisse jamais dire que cela n'a jamais existé, et pour que le monde n'oublie jamais toute la douleur que peut causer l'intolérance. Je dédie ma vie à mon combat, et je me battrai jusqu'à la fin.

ÉPILOGUE

L'Holocauste a provoqué la mort de six millions de juifs - des personnes innocentes qui, d'un jour à l'autre, ont été vues comme des criminelles, et que l'on a dépouillé de tous leurs droits. Les membres de ma famille font partie de ces victimes qui ont été emportées par cet événement. J'étais chanceuse, ou peut-être que le fait de survivre et de me construire une réalité nouvelle relevait vraiment du miracle. Cela n'a pas été facile, car toute ma vie a été jonchée de traumatismes et de difficultés à surmonter.

Malgré les pertes que j'ai connues tout au long de ce voyage - la perte d'êtres chers, ainsi que la dépossession de mon foyer, de ma maison familiale, et tout notre capital - j'ai réussi à bâtir une nouvelle vie et à aller de l'avant. Il m'a fallu être très courageuse pour chercher le bonheur à nouveau, mais je n'ai jamais cessé d'y croire, en dépit de l'adversité. Quand les gens entendent mon histoire, ils me demandent si je ne me suis jamais sentie déprimée - ce à quoi je leur réponds que je n'ai jamais eu le temps pour cela. La priorité était de survivre.

Tout au long de ces trois années que j'ai passées au sanatorium de Santpoort en Hollande, je me suis sentie anéantie et profondément seule après la disparition de ma famille. Mais j'ai gardé la tête haute, j'ai regardé les choses en face. Je n'ai jamais cessé de me battre pour mon droit de vivre et de construire mon propre futur.

Ce que je désire au plus haut point quand je partage mon histoire avec un jeune public, c'est qu'il comprenne qu'il doit toujours regarder au-delà de ce que la vie lui apporte. Dans notre vie, nous n'allons pas toujours connaître des moments de joie, de bonheur et de réconfort, mais ces épreuves nous rendent plus forts et nous préparent pour la vie que nous avons devant nous. Quand quelque chose de grave nous arrive, nous n'avons pas le droit d'abandonner - il faut toujours se relever et continuer de se battre. Par exemple, ma liberté m'a été confisquée pendant de longues années. On m'a privée de mes droits essentiels et d'enseignement secondaire jusqu'à l'âge adulte, mais j'ai grandi et j'ai continué d'avancer malgré tout.

En partageant mon histoire sur ces pages, j'espère pouvoir aider le monde à ne jamais oublier ce qu'il s'est passé dans cette sombre période de notre histoire, afin que les gens comprennent que la coexistence est essentielle à la vie heureuse et à la prospérité de l'humanité. Au cours de la Seconde Guerre mondiale, ma souffrance s'ajoutait à celle de tous les autres juifs qui souffraient avec moi. Si nous ne tirons pas de leçons de ce genre d'événement, place sera faite à la souffrance d'un nouveau groupe de victimes. Je ne peux pas autoriser que cela se reproduise, et c'est pour cela que j'écris mon histoire au nom de toutes les voix qui ont été réduites au silence, y compris celle de mes parents et de mon frère.

J'écris mon histoire au nom de toutes les voix qui ont été réduites au silence, y compris celle de mes parents et de mon frère.

Après toutes ces années à être enfermée, mes valeurs ont changées. Les petites choses de la vie, auxquelles je ne faisais pas vraiment attention avant, ont commencé à signifier beaucoup pour moi. C'est une question de dignité : vous êtes-vous déjà posé la question du luxe que cela représentait d'avoir une famille et une maison confortable ? D'avoir toute la nourriture du monde, des serviettes propres pour se sécher, un lit chaud dans lequel dormir la nuit ? Tout cela peut sembler si basique. On considère bien souvent ces choses comme étant acquises. C'est pour cette raison que j'ai quelque chose à vous demander : soyez content et reconnaissant envers chaque détail de votre vie, d'être en bonne santé et près ce ceux que vous aimez. C'est suffisant pour que l'on s'en réjouisse.

Après ce que j'ai vécu, j'ai compris que notre bien le plus précieux est notre liberté - la liberté d'aller et de venir, la liberté d'avoir ses propres croyances, la liberté d'être qui l'on est. Il n'y a rien de plus limitant pour l'être humain que de l'empêcher d'être qui il est vraiment. Notre identité est quelque chose de crucial. Mais il est important que nous nous battions pour que tout le monde puisse avoir accès à cette liberté - le genre de liberté qui n'envahit pas l'espace de l'autre et qui n'anéantit pas les autres personnes, pour que nous puissions tous vivre libres et heureux.

On m'a dit que j'étais inférieure parce que juive, mais je ne l'ai jamais cru. Comme ils l'ont fait avec les juifs, les nazis ont imposé leur supériorité sur différents groupes : les tziganes, les homosexuels, les personnes souffrant d'un handicap et autres minorités qu'ils n'estimaient pas correspondre à la pureté de leur race. Je n'ai jamais cru en la supériorité d'un être humain sur un autre, parce que quand nous mettons de côté nos particularités, notre culture et notre mode de vie, notre essence est la même. C'est pour cette raison que je refuse que quelqu'un se pense inférieur, pour que jamais il ne se soumette à une personne avide de pouvoir et ne perde sa liberté.

Je n'ai jamais cru en la supériorité d'un être humain sur un autre, parce que quand nous mettons de côté nos particularités, notre culture et notre mode de vie, notre essence est la même.

C'est pourquoi j'écris ce livre au nom de la liberté et de la tolérance. J'écris également ce livre à la mémoire de mes parents et de mon frère, parce que je suis consciente des injustices qui ont mené à leur mort et qu'ils auraient fait la même chose à ma place. Grâce à un coup du sort, j'étais celle qui avait survécu, et jamais je ne laisserai leur mémoire s'étioler - tout comme la mémoire de tous ceux qui ont péri durant l'Holocauste. À travers ce témoignage, je veux rendre leur voix à ceux qui ne l'ont plus et qui ne peuvent plus partager leur histoire et leur peine.

C'est pourquoi j'écris ce livre au nom de la liberté et de la tolérance.

Malheureusement, même s'il nous arrive de crier "plus jamais !", l'histoire de l'humanité continue d'évoluer vers les guerres - des guerres toujours injustifiées - qui semblent vouloir ôter à la vie sa valeur intrinsèque. Et c'est aussi pour cela que l'Holocauste continue d'être un sujet d'actualité, et qu'il faut continuer de la raconter.

Cela fait plus de soixante-dix ans que l'on m'a délivrée de Bergen-Belsen, et que j'ai pu quitter le camp des horreurs. Mais je me souviens encore de tout ce que j'ai vécu dans cette prison comme si c'était hier. Pour que personne ne vive ce que j'ai vécu, je laisse ma trace dans le monde. Je souhaite que tout le monde, jeune et moins jeune, puisse vivre une vie heureuse, tolérante et toujours respectueuse de l'autre.

PHOTOGRAPHIES

Nanette bébé.

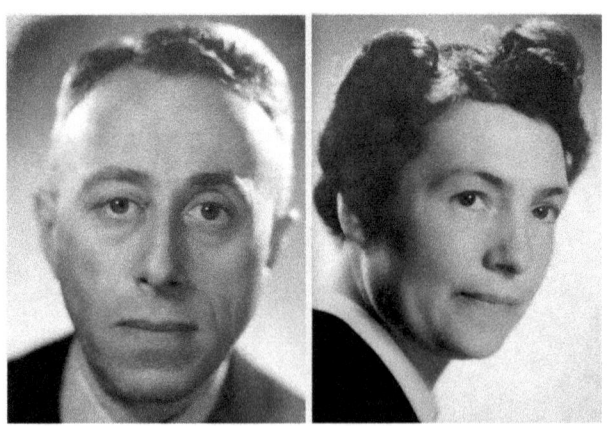

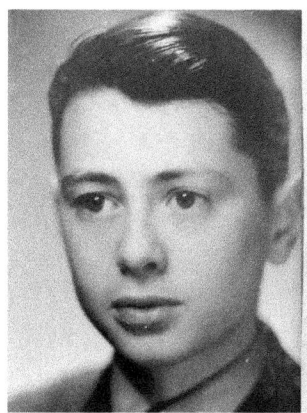 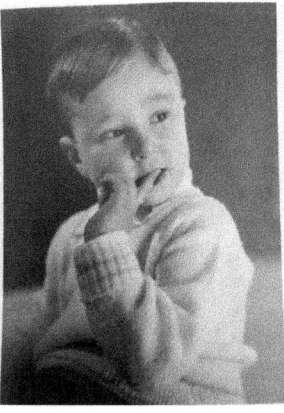

La famille Blitz vivait une vie heureuse avant la guerre, malgré la perte douloureuse du plus jeune membre de la famille, Willem, à l'âge de quatre ans. En haut à gauche, le père de Nanette, Martijn Willem Blitz. À sa droite, sa mère, Hélène. En bas à gauche, l'ainé, Bernard Martijn. À droite se trouve Willem, né avec une maladie cardiaque.

Nanette (troisième rang, au bout à droite) sur sa photographie de classe primaire, autour d'elle se trouvent ses camarades de classe de l'époque.

Ce manuel scolaire contient les souvenirs d'école primaire de Nanette. Le livre a été retrouvé et gardé par ses voisins après que la famille Blitz a été brutalement expulsée de chez elle, en septembre 1943.

Nanette à l'âge de huit ans (à droite du professeur) avec ses enseignants et ses camarades de classe primaire. À l'époque, les écoles hollandaises ne pratiquaient pas la ségrégation, donc juifs et catholiques pouvaient étudier ensemble.

Dessins colorés de Nanette, quand elle avait neuf ans. Elle était une enfant joyeuse, vivant une vie calme à Amsterdam.

Nanette (à l'extrême gauche) et ses amies, habillées en costume traditionnel hollandais.

En haut : Nanette. En bas : Anne Frank. Les deux photographies ont été prises du temps où elles allaient au lycée juif ensemble. Ces images démontrent une légère ressemblance physique entre les deux camarades. Nanette était présente le jour où Anne a reçu son fameux journal, dans lequel elle apparaît sous les initiales suivantes : "E.S.".

Nanette entourée de sa famille à l'occasion de l'anniversaire de mariage de ses parents, Martijn Willem et Hélène. Parmi les invités se trouvent ses grands-parents, ses oncles et ses tantes. Tous ont souffert des horreurs de l'Holocauste. Tout comme ce fut le cas pour la famille Blitz, l'Holocauste a impacté la vie de millions de familles juives.

Avec le Conseil Juif, l'Allemagne nazie avait commencé à imposer des restrictions aux juifs de Hollande. Le document de Nanette du 22 mars 1941 l'identifie en tant que juive. Ce document est devenu son passeport pour l'horreur qu'elle s'apprêtait à vivre.

L'Étoile jaune (Étoile de David) que Nanette devait porter sur elle pour être identifiée comme juive. Une étoile qu'elle possède encore.

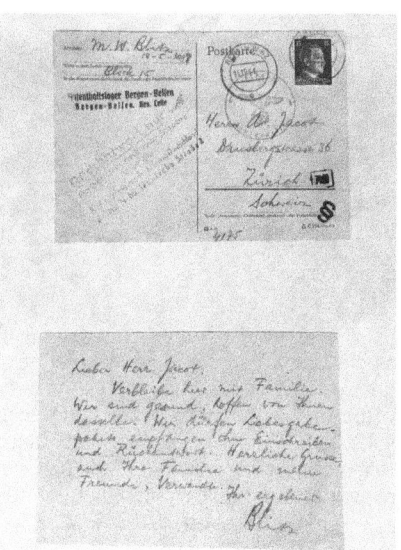

Le père de Nanette avait été autorisé à envoyer cette carte postale depuis Bergen-Belsen à un banquier suisse, qui l'envoya ensuite à sa tante en Angleterre. On ignore encore pourquoi il a écrit cette lettre. Peut-être essayait-il de négocier leur libération ?

Libération du camp de Bergen-Belsen, avril 1945. Aperçu du camp numéro 1, photographié depuis la tour de guet allemande. Source : Wikimédia.

Contrairement aux autres SS, Josef Kramer ne s'est pas enfui avant que les troupes britanniques ne débarquent à Bergen-Belsen. Il a été arrêté, après s'être exprimé sur les raisons pour lesquelles le camp était dans un tel état. Il n'a montré aucun remords face aux vies qu'il avait prises, déclarant qu'il n'avait fait que "suivre les ordres". Source : Wikimédia.

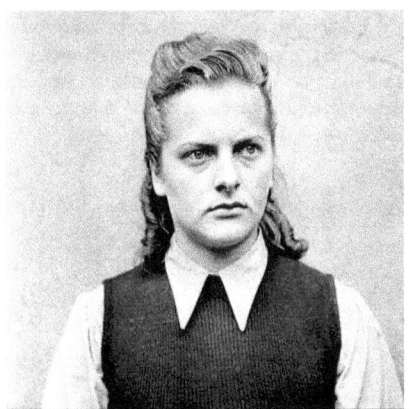

Irma Grese était l'une des gardes SS les plus cruelles que l'Holocauste ait connue. Les femmes détenues la redoutaient au plus haut point, notamment du fait des mauvais traitements qu'elle leur infligeait. Les atrocités dont elle fut à l'origine pendant le Seconde Guerre mondiale lui valurent la pendaison à l'âge de vingt-deux ans. Photographie d'identité d'Irma Grese, garde à Bergen-Belsen (1923-1945), attendant son verdict à Celle, août 1945. Source : Wikimédia.

Libération du camp de concentration de Bergen-Belsen, avril 1945. Vêtus d'équipements de protection, les hommes de la onzième ambulance de camp du Royal Army Médical Corps évacuent les détenus d'une baraque à Belsen. Source : Wikimédia.

Libération du camp de concentration de Bergen-Belsen, avril 1945. Aperçu du camp numéro 1, photographié depuis la tour de guet allemande.
Source : Wikimédia.

Libération du camp de concentration de Bergen-Belsen, avril 1945. Les gardes SS chargeant les cadavres de détenus sur camion benne afin de les enterrer. Source : Wikimédia.

Tombe d'Anne Frank et de sa sœur Margot Frank à Bergen-Belsen. Photographie de l'éditeur (2017).

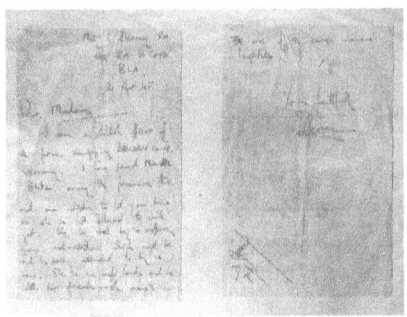

Une lettre écrite par le Lieutenant-colonel Leonard Berney à la famille de Nanette en Angleterre, le 21 avril 1945 : "Chère Madame, je suis un officier britannique des forces occupant le camp de BELSEN, en Allemagne. J'ai retrouvé Nanette Blitz ici parmi les détenus, et je vous écris pour vous faire savoir qu'elle n'est pas encore autorisée à vous écrire. Elle va bien, mais elle souffre de malnutrition. Elle est placée sous notre surveillance en ce moment-même et le restera autant que cela sera nécessaire. Nanette est entre de bonnes mains et est entourée de ses amis - elle s'est même portée volontaire pour prêter main-forte à l'hôpital du camp des femmes. Cordialement, L. Berney".

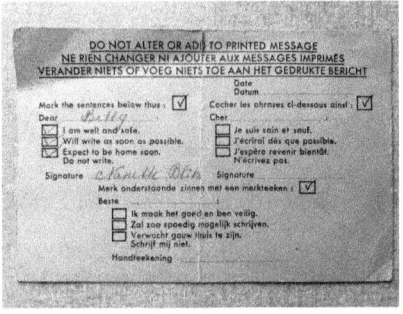

Courrier standardisé envoyé à la tante de Nanette pour l'informer de l'état de santé de sa niece.

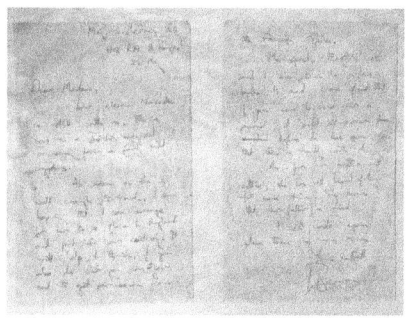

Seconde lettre envoyée par le Lieutenant-colonel Berney à la famille de Nanette en Angleterre, le 22 mai 1945 : "Chère Madame, votre nièce Nanette est toujours avec nous. Elle a été transférée vers l'hôpital britannique, où elle se remet d'un typhus bénin. Dès que son état lui permettra de voyager, je ferai en sorte de l'envoyer en Angleterre pour que vous puissiez en avoir la garde. Cela me serait bien utile, je pense, que vous fassiez l'effort d'obtenir cette autorisation de la part du Ministère des Affaires Étrangères. Elle parle bien anglais, et je lui ai donné quelques livres à lire. Je crains que, si vous décidiez de lui envoyer un colis, celui-ci n'arrive qu'après son départ. Je vous déconseille donc de le faire. Pour ce qui est de son frère et de sa mère, cela fait quelques temps qu'elle n'a plus de nouvelles d'eux. Elle sait que son père est mort. Je vous écrirai à nouveau quand j'en saurai un peu plus. Bien à vous, L Berney".

Carte de "réfugiée" de Nanette. Après la Seconde Guerre mondiale, il y eut de très nombreux transits de survivants en Europe qui souhaitaient rentrer dans leur pays natal.

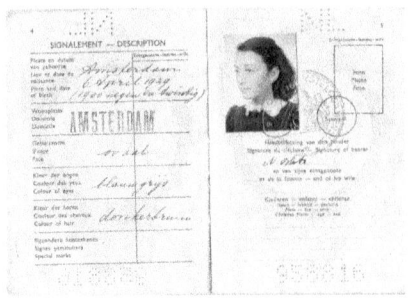

Après la libération, Nanette retourna à Eindhoven en Hollande, le 24 juillet 1945, tel que le démontre son passeport.

Nanette âgée de vingt-deux ans, en Angleterre, juin 1951. La photographie a été prise par John Konig le jour de leur premier rendez-vous.

Nanette et John Konig le jour de leur mariage, en août 1953.

Nanette et John Konig le jour de leur mariage, en août 1953 (de près).

Nanette et John pour leur cinquantième anniversaire de mariage au Brésil, entourés de leurs enfants : Martin Joseph, Elizabeth Hélène, et Judith Marion, en 2003.

En 2009, une chaîne de télévision hollandaise réunit les anciens camarades d'Anne Frank afin de lui rendre hommage. La même année, si elle avait été en vie, Anne aurait eu 80 ans. Le documentaire remporta un succès tel qu'ils durent le diffuser à plusieurs reprises. Parmi les personnes présentes se trouvent Nanette, au centre, et Danka, en rouge. En 1941, Danka avait raconté à Nanette que les Allemands tuaient les juifs polonais en les asphyxiant. À l'époque, cela était à peine croyable.

Nanette et son mari John.

Nanette et John en face de la tombe d'une famille tuée pendant l'Holocauste, au cimetière de Muiderberg (Pays-Bas).

LECTURES COMPLÉMENTAIRES

Vous voulez voir un aperçu de toutes les mémoires de l'Holocauste ?

Suivez le lien ci-dessous :

https://amsterdampublishers.com/genre/biographies-holocaust-memoirs/

Nous recevons constamment de nouveaux manuscrits de la part d'autres survivants de l'Holocauste. Vous êtes invités à envoyer le vôtre à Liesbeth Heenk chez Amsterdam Publishers.

Vous voulez devenir critique littéraire chez Amsterdam Publishers ?

Dans un monde dominé par les réseaux sociaux et la "preuve sociale", les critiques littéraires jouent un rôle primordial. N'hésitez pas à nous contacter si vous souhaitez rejoindre le *Groupe de critiques d'AP*.

Cette adhésion se fait sans condition ni contrepartie, et vous ne recevrez aucun spam de notre part, c'est promis !

Merci d'écrire à l'adresse suivante :

info@amsterdampublishers.com

www.ingramcontent.com/pod-product-compliance
Lightning Source LLC
LaVergne TN
LVHW010216070526
838199LV00062B/4615